Kunze

Mozart · Jupiter-Sinfonie

MEISTERWERKE DER MUSIK

WERKMONOGRAPHIEN ZUR MUSIKGESCHICHTE

Begründet von
ERNST LUDWIG WAELTNER †

Herausgegeben von STEFAN KUNZE

unter Mitarbeit von GABRIELE MEYER

Heft 50

STEFAN KUNZE

WOLFGANG AMADEUS MOZART

SINFONIE IN C-DUR KV 551

JUPITER-SINFONIE

WILHELM FINK VERLAG MÜNCHEN

ISBN 3-7705-2482-9

Satz: Compotext, München
Druck u. Bindung: E. Zeuner, München

INHALT

ZUR ENTSTEHUNGSGESCHICHTE

Die Jupiter-Sinfonie KV 551 entstand als letzte einer Reihe von drei Sinfonien (KV 543 Es-Dur, KV 550 g-Moll, KV 551 C-Dur) und war laut Mozarts Eintragung im eigenhändigen Werkverzeichnis am 10. August 1788 vollendet. Er notierte: „Eine Sinfonie. – 2 violini, 1 flauto, 2 oboe, 2 fagotti, 2 Corni, 2 clarini, Timpany, viole e Bassi. –" [Bauer-Deutsch IV, S. 73]. Dies ist das einzige dokumentarisch gesicherte Datum in der Entstehungsgeschichte des Werks, das bald nach Mozarts Tod als sein letztes gewichtiges Wort in der sinfonischen Instrumentalmusik und als eines der unvergleichlichen Hauptwerke der Wiener klassischen Musik Berühmtheit erlangte.

Die letzten drei großen Sinfonien von Mozart bilden gewiß keinen Zyklus im engen oder weiteren Sinn des Wortes. Die Komposition in Serien war für in sich zyklische orchestrale Werke damals nicht mehr üblich. Doch darf man wohl von einer ‚Trias' sprechen. Denn Es-Dur-, g-Moll- und C-Dur-Sinfonie sind gewissermaßen in einem Zuge innerhalb des Zeitraums von knapp gerechnet acht (höchstens neun) Wochen komponiert worden.[1] Zwischen dem Vollendungsdatum der g-Moll-Sinfonie, im eigenhändigen Werkverzeichnis der 25. Juli, und dem der Jupiter-Sinfonie vergingen 14 Tage, eine angesichts des Werkrangs zwar unfaßbar kurze, doch für Mozarts Gepflogenheiten und für damalige Komponisten nicht besonders knapp bemessene Zeit. Die Komposition der Es-Dur-Sinfonie war am 26. Juni abgeschlossen. Obwohl die Beendigung der g-Moll-Sinfonie (am 25. Juli) immerhin erst nach vier Wochen erfolgte, in denen auch das Klaviertrio in C-Dur KV 548 – das zweite in der Serie der letzten drei Klaviertrios –, (vielleicht) die „Kleine Klavier Sonate für Anfänger" KV 545 und die gleichfalls „kleine" und für „Anfänger" bestimmte Violinsonate KV 547 nebst der Canzonetta „Piú non si trovano" KV 549 entstanden, kann man annehmen, daß die Arbeit an den Sinfonien keine längere Unterbrechung erfuhr. Mozart scheint von Anfang an drei Sinfonien geplant zu haben. Wie immer dem gewesen sei: Jede für sich, und alle drei usammengenommen stellen mit der rund ein dreiviertel Jahr zuvor (am 6. Dezember 1787) vollendeten „Prager" Sinfonie KV 504 ähnlich wie Haydns 12 Londoner Sinfonien eine Summe sinfonischer Kunst dar. In den Jahren 1788 bis 1791 entstanden außerdem die letzten großen Kammermusikwerke. Es sind dies die drei Klaviertrios KV 542, KV 548 und KV 564, die drei im Auftrag Friedrich Wilhelms II. von Preussen komponierten Streichquartette KV 575, KV 589 und KV 590 (bestellt waren 6 Quartette!), ferner die beiden Streichquintette KV 593 (1790) und KV 614 (1791), und als Unicum das Es-Dur-Divertimento (Streichtrio) KV 563. Wenn man schließlich (unter vielem anderem) noch die Instrumentalkonzerte dieser Zeit (das B-Dur-Klavierkonzert KV 595 und das Klarinettenkonzert KV 622), das Klarinetten-Quintett KV 581 (1789), die Klaviersonate KV 576, die Musikkomödie *Così fan tutte* (1789), die Seria *La clemenza di Tito*, die *Zauberflöte* (beide 1791) und das unvollendete *Requiem* in Betracht zieht, dann dürfte angesichts der unvorstellbaren Arbeitsleistung zunächst allen Mutmaßungen der Biographen der Boden entzogen sein, es hätte da noch andere, vielleicht geheime, ja anrüchige Interessen oder Betätigungen gegeben als solche, die mit dem Werk zusammenhingen. Mozart hat in den letzten Jahren seines Lebens schwer, wahrscheinlich über seine Kräfte gearbeitet. Für ein Leben, das über die dürre Alltäglichkeit hinausgehend den Stoff einer Biographie abgeben könnte, blieb ihm buchstäblich keine Zeit.

Man braucht nicht Absicht, Sendungsbewußtsein oder Ahnung des frühen Tods zu unterstellen, um für bemerkenswert zu halten, daß Mozart in diesem seinem letzten Lebensabschnitt in allen repräsentativen Gattungen der Musik die Summe zog: in der Sinfonie, im Konzert, in der Kammermusik, sowie gleichermaßen auf dem Feld des musikalischen Theaters und der geistlichen Musik. Objektiv betrachtet mag ihm der Zufall die Aufträge für *Così fan tutte*, für die *Clemenza di Tito* und die *Zauberflöte* eingebracht haben. Die einzelnen Zufälle ergeben indessen zusammengenommen zweifellos keine Häufung unverbundener Tatsachen, sondern eine sinn- und bedeutungsträchtige Konstellation, in der zum letzten Mal die drei Hauptrichtungen der Oper, die italienische Musikkomödie, das Seria-Theater und das deutsche Singspiel, in drei untereinander und mit der zeitgenössischen Opernproduktion inkommensurablen Werken kulminierten. Gleiches läßt sich für Mozarts späte Instrumentalwerke geltend machen. Insgesamt aber dokumentiert sich in der letzten Schaffensphase, in der von der Ausprägung eines ‚Spätwerks' schwerlich die Rede sein kann, mit einer Ausdrücklichkeit ohnegleichen eine der Grundbestimmungen seines schöpferischen Vermögens seit frühester Jugend, nämlich die nicht nur für das 18. Jahrhundert beispiellose Universalität der Einbildungskraft und darüber hinaus der Wille, an dieser Universalität, die von der zu seiner Zeit vielfach üblichen und zu allen Zeiten möglichen Versatilität zu unterscheiden ist, unter allen Umständen und unbedingt festzuhalten. Man kann sich Mozarts Kunstverstand und Kunstwillen nicht zielbewußt genug vorstellen. Das Zerrbild des mit leichter Hand und seiner selbst unbewußt produzierenden, mit Rococo-Beschwingtheit und lächelnder Grazie überstrahlten Genies war eine Projektion des 19. Jahrhunderts.

Als Mozart im Sommer 1788 den Versuch unternahm, sich mit repräsentativen Orchesterwerken dem Wiener Publikum, das wenige Monate vorher den *Don Giovanni* zunächst gleichgültig, wenn nicht ablehnend, aufgenommen hatte, wieder in Erinnerung zu rufen, war sein Stern in Wien aus nicht ganz einsichtigen Gründen im Sinken begriffen. Es ist die Zeit der Bettelbriefe an den befreundeten Kaufmann und Logenbruder Johann Michael Puchberg (1741–1822). Durch dessen großzügige finanzielle Unterstützung hat sich jedoch Mozarts Lage nicht gebessert. Nach wie vor bleibt rätselhaft, weshalb sich seine Lebensumstände zusehends ruinöser gestalteten. Daß seine Musik weniger Anklang fand als in früheren Jahren, kann nicht allein die Ursache für die Verschlechterung gewesen sein. Schließlich war im Dezember 1787 auf Geheiß von Kaiser Josef II. die Ernennung zum „k.k. Kammermusikus" (bzw. „k.k. Hofmusik-Compositor") erfolgt, die Mozart erstmals ein zwar nicht hohes, aber regelmäßiges Einkommen von jährlich 800 Gulden einbrachte (Gluck hatte für die gleiche Ehrenstellung 2000 Gulden erhalten). Auch an Anerkennung und Ansehen über die Grenzen Wiens hinaus hat es nicht gefehlt.

Schon im Juni 1788 war er, offensichtlich aus ökonomischen Gründen, in die Vorstadt gezogen (Alsergrund Nr. 135, Währingerstraße, „Zu den drei Sternen", jetzt Nr. 16, Gartenseite). „Ich habe ohnehin nicht viel in der stadt zu thun, und kann, da ich den vielen besuchen nicht ausgesezt bin, mit mehrerer Muße arbeiten ..." lesen wir in einem vor dem 17. Juni 1788 geschriebenen Brief an Puchberg [Bauer-Deutsch IV, S. 66]. Die von Mozart gewissenhaft aufgezählten Vorteile der neuen Behausung – der billigere Mietpreis, der Garten, das Wohnen im Sommer und Winter – täuschen nicht darüber hinweg, daß es sich um einen Abstieg in kleinere Verhältnisse handelte und daß Mozart sich dessen bewußt war. Hier, in der Vorstadt-Wohnung, von der er allerdings Anfang 1789 wieder in die innere Stadt zog, und in bedrängter Lage schrieb er die drei letzten Sinfonien – in der gewiß bitteren Erkenntnis, daß er und seine Musik, im Augenblick jedenfalls, in Wien nicht mehr gefragt waren. „Kommen Sie doch zu mir und besuchen Sie mich;" schrieb er am Tag nach der Vollendung der Es-Dur-Sinfonie an Puchberg, „ich bin immer zu Hause; – ich habe in den 10 Tagen daß ich hier wohne mehr gearbeitet als in andern Logis in 2 Monat, und kämen mir nicht so oft so schwarze Gedanken (die ich nur mit Gewalt ausschlagen muß) würde es mir noch besser von Statten gehen, denn ich wohne angenehm, – bequem – und – *wohlfeil*! ..." [27. Juni 1788; Bauer-Deutsch IV, S. 69]. Die Briefe jener Zeit enthalten nur spärlichste Andeutungen darüber, wodurch die offenbar tiefgehende und bis zum Todesjahr andauernde Existenzkrise ausgelöst wurde, deren Behebung erst mit dem schnell wachsenden Erfolg der *Zauberflöte* in den Bereich des Wahrscheinlichen rückte. Eine gewisse (vielleicht doch die entscheidende?) Rolle mögen die gerade in diesen Jahren gehäuft anfallenden Kosten für ärztliche Behandlung und Kuraufenthalte von Konstanze gespielt haben. Von den „schwarzen Gedanken", soweit sie aus den Lebensnöten herrührten, verraten auch die Werke nichts. Es ist daher müßig, sie für die biographische Spurensicherung in Anspruch zu nehmen.

Jedenfalls suchte Mozart damals, allerdings ohne Erfolg, seiner prekären ökonomischen Situation entgegenzuwirken. Aber der Subskriptionsaufruf für die Streichquintette in c-Moll, C-Dur und g-Moll (KV 406/516b, KV 515, KV 516), der mehrmals in der *Wiener Zeitung* erschien, hatte offenbar wenig Erfolg. Im ersten, undatierten Brief vom Juni 1788 an Puchberg ist die Rede von „Academien im Casino“ (entweder im Trattnerhof oder in Philipp Ottos neuem Kasino in der Spitalgasse), die „künftige Woche“ beginnen sollten und aus deren Einnahmen Mozart die Rückerstattung des von Puchberg erbetenen Darlehens in Aussicht stellte [Bauer-Deutsch IV, S. 65]. Diese Akademien sind mit Sicherheit nicht zustande gekommen, ebensowenig wie die für den Sommer 1789 geplanten. (Mozarts letzte nachgewiesene Akademie in Wien hatte am 7. April 1786 stattgefunden.) Der nach diesem zweiten Fehlschlag an Puchberg gerichtete Brief vom 12. Juli 1789, ein verzweifelter Hilferuf, ist aufschlußreicher: „Gott! ich bin in einer Lage, die ich meinem ärgsten Feinde nicht wünsche; und wenn Sie bester Freund und Bruder mich verlassen, so bin ich *unglücklicher und unschuldigerweise* sammt meiner armen kranken Frau und Kind verlohren ... O Gott! anstatt Danksagungen komme ich mit neuen Bitten! – ...; daß ich durch diese unglückseelige Krankheit in allem Verdienste gehemmt werde, brauche ich Ihnen wohl nicht zu wiederholen; nur das muß ich Ihnen sagen, daß ich ohngeachtet meiner elenden Laage, mich doch entschloß bei mir Subscriptions= Academien zu geben, um doch wenigstens die dermalen so großen und häufigen Ausgaben bestreiten zu können ...; aber auch dies gelinget mir nicht; – mein Schicksal ist leider, *aber nur in Wien*, mir so widrig, daß ich auch nichts verdienen kann, wenn ich auch will; ich habe 14 Tage eine Liste herumgeschickt, und da steht der einzige Name *Swieten*! – ...“ [Bauer-Deutsch IV, S. 92]. Mozart versuchte es nochmals im darauffolgenden Jahr 1790 (Juni, Juli, August). Doch auch dieser Plan zerschlug sich [vgl. den Brief vom Mai 1790: Bauer-Deutsch IV, S. 106].

Die Komposition der drei letzten Sinfonien stand wahrscheinlich in Zusammenhang mit dem Akademie-Plan des Jahres 1788. Denn es erscheint undenkbar, daß sich Mozart auf ein so umfassendes Kompositions-Vorhaben eingelassen hätte, ohne die Gelegenheit einer Aufführung ins Auge gefaßt zu haben. Der Kunstcharakter und -anspruch der Wiener klassischen Musik war nicht esoterisch.

Auftragskunst, deren Begriff sehr weit zu fassen ist, und autonome Konzeption schlossen sich nicht aus. Auch das ‚Gelegenheitswerk' war in seinen Möglichkeiten durchaus nicht dadurch eingeschränkt, daß es gewisse Konventionen einzuhalten hatte. Erst im 19. Jahrhundert begannen Kunstanspruch und Publikumserwartung heillos auseinanderzuklaffen.

Als Mozart die erste seiner Akademien zu geben gedachte (Juni 1788), war allerdings nur die Es-Dur-Sinfonie vollendet. Möglicherweise hoffte Mozart, in einer Serie von drei Akademien das Publikum mit drei neuen Sinfonien überraschen und fesseln zu können. Tatsächlich gibt es keinen Beleg dafür, daß zu Mozarts Lebzeiten eine der Sinfonien in Wien aufgeführt wurde. Erst kurz nach der Jahrhundertwende sind dort Aufführungen der Jupiter-Sinfonie nachweisbar [A. Hyatt King, Mozart in Retrospect, S. 177, Anm. 1]. Trotzdem könnte zumindest die g-Moll-Sinfonie in der „großen musikalischen Akademie" erklungen sein, die am 16. und 17. April 1791 im Burgtheater von der Tonkünstler-Sozietät „zum Vortheil ihrer Wittwen und Weisen" veranstaltet wurde. Der zweisprachige Anschlagzettel nennt als erste Nummer des Programms „Eine große Sinfonie von der Erfindung des Hrn. Mozart" [Deutsch, Dokumente, S. 344; und: Mozart und seine Welt in zeitgenössischen Bildern, S. 244]. Dafür spräche die nachträglich erstellte Fassung dieses Werks mit Klarinetten. Was sonst hätte Mozart zu der Bearbeitung veranlassen können? Eine der drei Sinfonien, oder, wie O. E. Deutsch vermutete, doch eine der früher gedruckten (KV 297, KV 319, KV 385), ist vielleicht in der Akademie dargeboten worden, die Mozart am 15. Oktober 1790 in Frankfurt gab [Deutsch, Dokumente, S. 329]. Die Ankündigung im Programmzettel lautet: „Eine neue gros[s]e Simphonie von Herrn Mozart." Zum Abschluß erklang ebenfalls „Eine Symphonie". Es dürfte sich aber um die restlichen Sätze der eröffnenden Sinfonie gehandelt haben [Mozart und seine Welt in zeitgenössischen Bildern, S. 237].

Die Verbreitung der Jupiter-Sinfonie, desgleichen ihrer beiden Schwesterwerke, setzte zögernd, aber noch zu Mozarts Lebzeiten ein. Zwei frühe Stimmen-Kopien, die sich in der Bibliothek des Fürsten von Oettingen-Wallerstein und im Archiv von Esterháza

(Haydn!) fanden, sind ein Indiz dafür [siehe NMA, Krit. Ber. (H.C. Robbins Landon)]. Sie belegen jedoch, daß die Kenntnis des Werks sich zunächst auf Orte und Personen beschränkte, mit denen Mozart in Verbindung stand. Im Jahr 1793 erschien der Erstdruck der Stimmen bei Johann André in Offenburg/M. unter dem Titel: „Grande Sinfonie / à plusieurs instruments, / composée par / MR MOZART / Œuvre 38me / N° 622". Die zweite Auflage kam 1802 heraus. Um 1800 und kurz darauf häufen sich auch die Stimmen- und Partitur-Kopien, obwohl die Sinfonie schon im Druck zugänglich war. Es entstand ferner eine Reihe von Bearbeitungen (für Streichquintett, Klavier vierhändig, zwei Klaviere, für Klavier und andere Besetzungen).

Einen Gewinn hätte sich Mozart freilich nur von der Drucklegung, die dem Autor im günstigen Fall eine pauschale Honorarzahlung einbrachte, nicht aber von den Aufführungen versprechen können. Ein Recht, das dem Komponisten Tantiemen sicherte, gab es damals nicht einmal in Ansätzen. Es hätte allerdings den Verhältnissen auch nicht Rechnung getragen. Denn Wiederaufführungen derselben Werke, sofern sie nicht von den Komponisten selbst zu eigenem Nutzen geboten wurden (beispielsweise in Subskriptions-Akademien, wie Mozart sie plante), waren eher die Ausnahme als die Regel. Eine solche Ausnahmesituation zeichnete sich zwar während der zweiten Hälfte des 18. Jahrhunderts in der Instrumentalmusik ab, doch beschränkte sie sich auf vereinzelte Stücke, besondere Gattungen, begrenzte Regionen und Kreise (vor allem der ausübenden Liebhaber), sowie auf wenige Komponisten von Ruf. Erst die herausragende und von den Zeitgenossen sehr wohl registrierte Qualität der Haydnschen Instrumentalwerke (vor allem der Quartette und Sinfonien) bewirkte einen Umschwung, der indessen zunächst nur auf die Haydnschen Werke bezogen war.

Im ganzen gesehen blieb das Musikleben in Oper und Konzert auf die stets neue Tagesproduktion ausgerichtet, von der man das Außerordentliche gar nicht erwartete und es deshalb auch nicht ohne weiteres erkannte, wenn es sich zeigte. Der Gewinn des Komponisten bestand, wenn sich seine Stücke in Abschriften oder Drucken verbreiteten, vor allem darin, daß sein Name bekannt wurde, sein Ansehen auch außerhalb seines engeren Wirkungsbereichs stieg, die Aufträge sich häuften, daß er folglich höhere Honorare bei Auftraggebern und Verlegern erzielen und bei eigenen Konzerten mit Zulauf rechnen konnte. Das Verlagswesen spielte dabei noch zu Mozarts Zeiten eine eher untergeordnete Rolle. Es war weit entfernt davon, den Bedarf der Musiker und musizierenden Liebhaber zu decken. Und die kommerziellen Aussichten mußten sich solange in Grenzen halten, wie das Alte alsbald durch Neues verdrängt wurde.

Sogar die für Komponisten optimalen Bedingungen, namentlich europäisches Ansehen, schnelle Produktion, Vielseitigkeit und (nicht zuletzt) ein langes, in stetiger Arbeit verbrachtes Leben reichten in der Regel nicht aus, um auf regelmäßige Einnahmen aus einer festen Anstellung als Kapellmeister oder Kammermusiker verzichten zu können. Selbst die renommiertesten Opernkomponisten ihrer Zeit, Paisiello, Cimarosa, Traetta und viele andere, versahen sich, was ihnen meist nicht schwerfiel, mit soliden Ämtern. Mozarts Situation war (und wir kommen damit wieder auf die, so gesehen, keineswegs gänzlich unerklärliche Misere in den letzten Lebensjahren zurück) nach der Quittierung des Dienstes am Fürstbischöflichen Hof in Salzburg und seit der Ansiedlung in Wien (1781) eine prinzipiell ungesicherte. Die erwähnte Ernennung zum k.k. Kammermusikus war trotz der relativ hohen Bezüge nicht viel mehr als eine Ehrenstellung. Sie zog im übrigen auch keine andere Verpflichtung nach sich, als die Komposition von Tänzen für die Maskenbälle des Hofes im Großen und Kleinen Redoutensaal. Ungünstig, wenn nicht katastrophal, mußte sich in einer Zeit, in der die Komponisten ihre künstlerische Betätigung auf *eine* oder untereinander verwandte Gattungen (Oper oder Instrumentalmusik) konzentrierten, außerdem auswirken, daß Mozarts Werke einen solchen Schwerpunkt oder irgendeine Spezialisierung nicht erkennen ließen. Den Zeitgenossen bot sich, sofern sie seinen künstlerischen Weg zu verfolgen in der Lage und willens waren, das Bild einer Universalität, die diffus blieb und daher verwirrte. Dem Anspruch, den die Werke erhoben, in ihrer unverwechselbaren Originalität und in ihrem Rang für sich gewürdigt zu werden, vermochten nur wenige gerecht zu werden – nicht aus Böswilligkeit oder musikalischer Banausie, sondern weil man weniger auf das einzelne Werk eingestellt war, als auf das Genre. (Der Begriff des Kunstwerks, der in Malerei und Plastik seit alters her Geltung hatte, setzte sich in der Musik, namentlich in der instrumentalen, erst spät durch. Der entscheidende Impuls ging zweifellos von der Wiener klassischen Musik aus. Sie setzte schon bald nach 1800 die Maßstäbe für das musikalische Kunstwerk.) Was spätere Epochen Mozart zum Ruhm anrechneten, war damals (noch!) der Verbreitung und adäquaten Aufnahme seiner Werke hinderlich. Wie systematisch und zielbewußt hatte doch Haydn, dessen langes Leben mit dem Gesetz seiner künstlerischen Entwicklung denkwürdig übereinstimmte, seinen Ruhm als Komponist von Streichquartetten und Sinfonien erlangt. Die Faßlichkeit seiner Musik bei den „Kennern und Liebhabern" seiner Zeit wurde vermutlich in hohem Maße befördert durch die Stetigkeit der schöpferischen Aktivität. In geradezu idealer Weise vereinigte er das Prinzip, stets, wie dies erwartet wurde, mit neuen Kompositionen hervorzutreten, und das Vermögen, in den meisten von ihnen den Anspruch des im strengsten Sinne werkhaft Gefügten und damit Bleibenden zur Geltung zu bringen. Seine älteren Werke hielten sich durch ihren Rang, gleichzeitig fachten immer wieder neue die Aufmerksamkeit der musikalischen Welt an.

Mozart hingegen war in fast jeder Hinsicht Außenseiter. Dies bezeugen nicht zuletzt die Werke der letzten Lebensjahre. Er besaß nicht nur keine feste ökonomische Basis, auch seine Aktivität war ungewöhnlich verzweigt und unübersichtlich. Die seit 1781 in Wien entstandenen Werke blieben zu vereinzelt, um sogleich in ihrem unvergleichlichen Rang begriffen zu werden. „Gewaltig viel Noten, lieber Mozart", soll der anekdotischen Überlieferung zufolge Kaiser Josef II. über die *Entführung* geäußert haben. Mozarts Antwort: „Gerade so viel, Eure Majestät, als nötig ist." [F.X. Niemetschek, Lebensbeschreibung des k.k. Kapellmeisters W.A. Mozart, 2. Aufl. Prag 1808, S. 34] Der Kaiser sprach indessen nur aus, was viele befremdete (z.B. Mozarts Komponisten-Kollegen Johann Ditters von Dittersdorf): der zu hohe Anspruch und die verwirrende Fülle der Gedanken in der einzelnen Komposition, dagegen die mangelnde Stetigkeit in der Produktion gleichartiger Stücke. Für einen Opernkomponisten hatte Mozart von außen gesehen mit seit 1781 ,nur' sieben Opern, die dazu noch verschiedenen Genres angehörten, eine spärliche Bilanz aufzuweisen. Nicht viel günstiger sah es auf dem Feld der instrumentalen Musik aus, bedenkt man Haydns Fruchtbarkeit zwischen 1781 und 1791 auf den Gebieten des Streichquartetts und der Sinfonie. (Die anderen Gattungen der instrumentalen Kammermusik zählten im allgemeinen weniger.) Nur im Genre des Klavierkonzerts konnte Mozart eine auch seine Zeitgenossen beeindruckende kontinuierliche Reihe von Werken vorweisen. Doch das Instrumentalkonzert war in der zweiten Hälfte des 18. Jahrhunderts keine zentrale Gattung mehr. Außerdem war es zu sehr an die solistische Betätigung des Autors gebunden, um weiterreichende Verbreitung zu finden. (Auch dies änderte sich bald nach Mozarts Tod.) In den zehn Jahren, die Mozart in Wien zu leben noch vergönnt waren, hätte, wenn man die genannten Aspekte in Erwägung zieht, wohl auch unter günstigeren äußeren Umständen der Durchbruch kaum erfolgen können, wiewohl die Zahl derer, die eine Ahnung von Mozarts Größe besaßen (unter ihnen auch Goethe), gewiß nicht gering gewesen ist. Und es genügte wohl eine kurzzeitige Erschütterung, um die prekäre Konstruktion seiner Existenz dem Zusammenbruch nahezubringen.

Daß der Ruhm außerordentlich, den Werken Fortdauer beschieden sein würde, zeichnete sich, wie bereits bemerkt, trotz aller Nöte, schon in den letzten Wiener Jahren ab. Davon zeugt u.a. der Erstdruck der Jupiter-Sinfonie (siehe oben S. 13). Daß die letzten Sinfonien (KV 504, KV 543, KV 550, KV 551 sowie die Ouvertüren zur *Zauberflöte* und zum *Figaro*) bald danach zusammen mit denen von Haydn und Beethoven ein Repertoire über die Zeiten hinweg dauernder, ,überzeitlich' gültiger musikalischer Kunstwerke bildeten, zeigt die Erstausgabe der Partituren. Sie erschienen als früheste Partiturdrucke Mozartscher Orchesterwerke zwischen 1807 und 1810 bei der Londoner Firma Chianchettini & Sperati unter dem Sammeltitel: A / Compleat Collection / OF / HAYDN, MOZART, / –and– / BEETHOVEN'S / Symphonies, / IN SCORE,

/ Most Respectfully Dedicated, by Permission to / H.[is] R.[oyal] H.[ighness] / THE / Prince of Wales / LONDON / Printed by Cianchettini & Sperati Importers of Classical Music / No. 5. Princes Street Cavendish Square. – Die Jupiter-Sinfonie trägt die Nummer XVIII.

Nicht von ungefähr war der Verlagsort London, wo sich im Unterschied zu Wien seit längerer Zeit ein weitgehend institutionalisiertes Konzertleben etabliert hatte. In Deutschland wurde die Partitur der Jupiter-Sinfonie erstmals im Jahr 1828 in Leipzig bei Breitkopf & Härtel gedruckt (Verlags-Nr. 4551).

Als einzige authentische Quelle für das Werk kann jedoch ausschließlich Mozarts autographe Partitur gelten, die sich heute in der Deutschen Staatsbibliothek, Berlin/Ost, befindet. Die Überschrift Mozarts lautet schlicht: „Sinfonia“.

Das Autograph ist neuerdings durch eine Faksimile-Ausgabe (1978) allgemein zugänglich gemacht worden (vgl. Literaturverzeichnis, Ausgaben).

ZUM BEINAMEN DER C-DUR-SINFONIE

Daß einzelne ausgezeichnete und populäre Werke der Instrumentalmusik einen Beinamen erhielten, der sie aus der Menge der musikalischen Tagesproduktion heraushob, war seit der Zeit, in der vornehmlich die Sinfonien von Haydn in den europäischen Musikzentren (vor allem London und Paris) einen festen Platz im Musikleben erlangten und damit den Grundstein zur Bildung eines Repertoires legten, durchaus nicht ungewöhnlich. Keiner der schon zu Haydns Lebzeiten gängigen Beinamen für seine späteren Sinfonien, z.B. „Oxford", „Der Bär", „Sinfonie mit dem Paukenschlag" usw., stammt von Haydn selbst. Doch sind sie ein Indiz dafür, daß das Publikum die beliebten Werke auch an ihrem Namen zu erkennen wünschte. Vielfach knüpften sich diese Bezeichnungen an charakteristische Einzelzüge, oft an vermeintliche oder tatsächliche Anlässe der Entstehung (z.B. „Abschieds-Sinfonie"), manchmal an vermutete ‚Inhalte'. Im allgemeinen aber hatten die Beinamen nur die Funktion von Erkennungsmarken, ähnlich den (freilich aussagekräftigeren) Titeln einer Oper oder einzelner Gesangsstücke. Die erwähnten Namengebungen sind in der Regel zu unterscheiden von solchen, die von den Komponisten selbst vorgenommen wurden und Instrumentalstücke betreffen, die der deskriptiven Musik (z.B. Vivaldis „Jahreszeiten"-Konzerte) zugehören oder in denen benennbare Situationen eine poetische Rolle spielen (z.B. Beethovens Klaviersonate op.81a „Les Adieux" und die „Symphonie pastorale"). Selbstverständlich sind die Titel auch in der Programmmusik, deren Umrisse sich um 1800, jedoch außerhalb der Wiener klassischen Musik, abzuzeichnen begannen, wesentlicher Bestandteil der Konzeption.

Was immer hingegen Haydn mit seiner Bemerkung gegenüber Georg August Griesinger gemeint haben könnte, er habe in seinen Sinfonien stets „moralische Charaktere" dargestellt[2]: Vorstellungen dieser Art, die im Bereich der „ars inveniendi" angesiedelt sind, haben in der Instrumentalmusik der Wiener Klassiker niemals zur Benennung von Kompositionen geführt.

Der Name „Jupiter-Sinfonie“ gehört ebenso wie die Bezeichnung „Schwanengesang“ für die Es-Dur-Sinfonie KV 543 in die Kategorie der auszeichnenden Epitheta. Er scheint um 1819 schon populär gewesen zu sein. [A. Hyatt King, S. 264]. Hyatt King wies ihn in einem Konzertprogramm des Edinburgh Music Festival vom 20. Oktober 1819 nach. Folgt man dem Bericht des englischen Verlegerehepaars Vincent und Mary Novello, die im Jahr 1829 Salzburg besuchten, dann stammt die Bezeichnung „The Jupiter“, die sicherlich etwas von der im C-Dur-Glanz strahlenden Souveränität des Werks und von der Einschätzung insbesondere des Finales als eines Non plus ultra der sinfonischen Satzkunst einfangen sollte, von dem Londoner Geiger und Konzertunternehmer Johann Peter Salomon (1745–1815).[3]

Allerdings begegnet der Beiname „The Jupiter“ auch in einer Bearbeitung der Sinfonie Nr. 90 von Haydn für Klavier, Flöte, Violine und Violoncello, die in den 1825er Jahren in London unter dem Sammeltitel „Haydn's / Celebrated Symphonies. / Continued from those performed at / Salomon's Concerts ...“ erschien [Landon, Vorwort, S. XII, Anm. 14], und mit der Anmerkung „So named by Salomon for whose Benefit it was performed“ versehen wurde. Daß auch Haydns Sinfonie Nr. 90 in C-Dur steht, ebenfalls im Jahr 1788 entstand und dieselbe Orchesterbesetzung aufweist wie die Jupiter-Sinfonie, hat möglicherweise zur Verwechslung von seiten des Verlegers geführt. Salomon wird kaum beide Sinfonien mit dem Namen „Jupiter“ belegt haben. Die Frage wäre nur, welche ihn zuerst trug. Mit Sicherheit ist sie zwar nicht zu beantworten. Doch spricht manches dafür, daß es Mozarts Sinfonie gewesen ist (siehe oben). Die bislang früheste Edition, die den Beinamen enthält, ist gleichfalls eine Bearbeitung des Werks für Klavier, Flöte, Violine und Violoncello. Sie stammt vom Pianisten, Komponisten und Verleger Muzio Clementi und erschien ca. 1822 in London unter dem Titel: „Mozart's celebrated Symphony / ‚The Jupiter‘ / newly adapted for the Piano Forte ... / by / Muzio Clementi ...“ [Titelblatt abgebildet bei M. Wagner, Mozart, Sinfonie C-Dur, S. 95] Ein Bericht aus London in der *Allgemeinen Musikalischen Zeitung* vom Juni 1822 bestätigt, daß die Benennung damals, jedenfalls in England, gängig war: „Das dritte [Konzert] am 25sten März, unter Spagnoletti's und Potter's Anordnung, begann mit der hier so beliebten, und unter dem Namen Jupiter bekannten Sinfonie in C dur von Mozart mit der Fuge im letzten Satz.“ [AMZ, Jg. 24, 1822, Sp. 410]

WERKBESCHREIBUNG

ORCHESTER, ORCHESTERBEHANDLUNG UND BESETZUNG

Im klassischen Orchester sind allgemeine strukturelle Bestimmungen und Schichtungen vorgegeben, die zwar in jedem der reifen Werke Mozarts auch ihre eigene Sprache sprechen, trotzdem für den Bau des Satzes konstitutiv blieben. Insofern, als die musikalische Substanz von den verschiedenen Funktionen der Instrumentengruppen geprägt ist, handelt es sich bei der Orchestermusik der Wiener Klassiker um genuinen Orchestersatz, dessen dialektisches Wesen bereits in der Disposition der instrumentalen Gruppen angelegt ist. Seine Basis bildet der Streichkörper. Vorab die Violinen übernehmen die führende, aktive, das Geschehen vorwärts treibende Rolle. Die Gruppe der zwei (oder gelegentlich auch vier) Hörner stellt in der Regel das Gerüst des Satzes dar und bildet demnach eine besondere, eigengewichtige Schicht der Komposition. Die dritte fundamentale Gruppe besteht aus zwei Oboen, die vielfach die Aufgabe der Hörner unterstützen, somit die Konstruktion des Satzes akzentuieren und bereichern. Außerdem treten die Holzbläser an bestimmten Stellen als Widerpart der Streicher mit vielfach inwendig retardierender, Aktivität aufhebender Funktion in Erscheinung. Ich verweise etwa auf eine der Nahtstellen des ersten Satzes, den Übergang von der Durchführung zur Reprise (T. 183–187, dazu auch unten S. 61). Stets ist das Verhältnis zwischen der Gruppe der Holzbläser, zu der auch die Flöten als Vervollständigung des hohen Bläserregisters und die Fagotte für die mittleren und höheren Lagen der Baßregion beigezogen werden, und dem tragenden Ensemble der Streicher durch den Charakter des Dialogs gekennzeichnet, sofern die Holzbläser nicht zur Verdopplung der Streicher herangezogen werden. Verdopplungen (in Oktaven oder im Einklang), die auch im Bläsersatz auftreten, dienen freilich nicht in erster Linie der bloßen Verstärkung, sondern sind stets in der musikalischen Substanz begründet. Der Beginn des ersten Satzes mit der trommelartig anschlagenden Alla-marcia-Figur ist dafür ein deutliches Beispiel: Das Orchester-Unisono ist originär mit der Figur erfunden. Die Klangfarbe als solche ist dabei niemals bestimmendes Moment. Die Fagotte vermitteln außerdem häufig zwischen der Holzbläsergruppe und dem tragenden Baß (Violoncelli und Kontrabässe).

Eine die Holzbläsergruppe betreffende Erweiterung der orchestralen Grunddisposition erfolgte zwischen 1770 und 1780 durch die Einbeziehung des Klarinettenpaares. Allerdings hat es Mozart in seinen drei letzten Sinfonien im Unterschied zu früheren Werken (z.B. mit Ausnahme der Opern zuletzt in der Haffner-Sinfonie KV 385 von 1782 und im c-Moll-Klavierkonzert KV 491) wohl aus Gründen der klanglichen Balance vermieden, Oboen und Klarinetten zu kombinieren, wenn man von der Neufassung der g-Moll-Sinfonie KV 550 absieht.[4]

Eine Gruppe für sich bilden Trompeten und Pauken, die zwar meist zusammen mit den Hörnern zum Einsatz kommen, doch stets, wo sie einfallen, der Physiognomie des Satzes eine besondere Prägung verleihen. Wie gezielt Mozart insbesondere Gebrauch von den Pauken machte, zeigen die insgesamt drei Stellen, im ersten und letzten Satz, in denen er einen Paukenwirbel vorschrieb (1. Satz, T.83/84 und T.311, letzter Satz T.223/224, vgl. darüber auch unten S. 105). Entscheidend für die Verwendung von Trompeten und Pauken ist jedoch, daß ihnen seit alters her der Charakter festlicher, fürstlicher Repräsentation anhaftete.

Das Orchester der Jupiter-Sinfonie ist folgendermaßen zusammengesetzt: 1 Flöte, 2 Oboen, 2 Fagotte, 2 Hörner [in C], 2 Trompeten in C, 2 Pauken [in C und G], Streicher. – Das Autograph weist die übliche „italienische" Partitur-Anordnung auf (von oben nach unten): „Violini, Viole, 1 flauto, 2 oboe, 2 fagotti, 2 Corni, 2 Clarini in C, Timpany in C, Bassi." Im eigenhändigen Werkverzeichnis weicht die Reihenfolge nur darin ab, daß die Violen vor den Bassi stehen. – Die Bläser erscheinen in der Partitur-Niederschrift oben durch die hohen und mittleren Streicher, unten durch die Bässe (ein System!) eingefaßt. Die Anordnung veranschaulicht den Kompositionsvorgang und läßt mit den das Partiturbild begrenzenden Violinen und Bässen die tragenden Stimmen auch optisch hervortreten. Wie aus den meisten autographen Partituren Mozarts eindeutig hervorgeht, schrieb er fortlaufend und ohne jede Stockung Violinen und Bässe nieder, notierte dabei sogleich wichtige Figuren oder Einsätze der Bläser, um dann im Nachgang die Partitur zu vervollständigen. Demnach benutzte er offensichtlich keine zusammenhängend notierten Skizzen oder mehr oder minder vollständige Entwürfe (andernfalls hätte sich ein anderes Verfahren empfohlen). Mozart muß aber die Komposition im Gedächtnis vollständig konzipiert haben, bevor er die Niederschrift begann (andernfalls wäre er kaum in der Lage gewesen, es beim ersten zusammenhängenden Notat, das zugleich das endgültige gewesen ist, zu belassen).

Vor dem Hintergrund einer normativen Disposition und Schichtung des Orchesters sind indessen die Abweichungen von der Norm umso bedeutsamer. Tatsächlich besitzt jede der vier letzten Sinfonien von Mozart ihre besondere Orchesterbesetzung, die sich, nebenbei bemerkt, keinesfalls aus etwa voneinander abweichenden Aufführungs-Bedingungen erklärt. In der Es-Dur-Sinfonie KV 543 werden an Stelle der Oboen Klarinetten herangezogen. In der g-Moll-Sinfonie KV 550 entfallen die Trompeten und Pauken. Außerdem verzichtete Mozart in diesem Werk auf die in Moll-Sinfonien aus Gründen der harmonischen Anlage übliche vierfache Hornbesetzung, die aber ursprünglich (wie das Autograph zeigt) vorgesehen war.[5] In der zweiten Fassung von KV 550 wirken Oboen und Klarinetten mit.

Eine auffallende Gemeinsamkeit weisen die drei letzten Sinfonien durch die einfach besetzte Flöte auf; dies im Unterschied zur „Prager" Sinfonie KV 504, in der Mozart dem Usus der paarigen Flötenbesetzung folgte. Schwer zu sagen, was ihn bewog, die einzelne Flöte dem Flötenpaar vorzuziehen. Zweifellos erhöhte sich dadurch die Durchsichtigkeit des Satzes an solistischen Bläserstellen. Für eine solche Absicht spräche der Umstand, daß sämtliche Klavierkonzerte in großer Besetzung, somit die Reihe der 13 Klavierkonzerte, die mit dem B-Dur-Konzert KV 450 (1784) beginnt, nur eine Flöte verwenden. In diesen Werken werden bekanntlich die Bläser besonders häufig mit solistischen Aufgaben betraut. Dies gilt zwar weniger für die Sinfonien. Doch könnten Haydns Sinfonien der Jahre 1786 bis 1788 (insbesondere die „Pariser Sinfonien") Mozart angeregt haben, die Bläser-Disposition seiner Klavierkonzerte auch in die Sinfonie zu übernehmen. Daß übrigens Beethoven im Orchester der Vierten Sinfonie die Flöte einfach besetzte, hängt gewiß mit der Feingliedrigkeit gerade dieses Werks zusammen und wirkt wie eine emblematische Huldigung an Haydn und Mozart. (Nicht von ungefähr greift das Hauptthema des ersten Satzes die Alla-marcia-Schleifer auf, mit denen die Jupiter-Sinfonie beginnt.)

Veränderungen der Orchesterbesetzung gibt es indessen auch innerhalb der Jupiter-Sinfonie: Im Andante cantabile schweigen die Trompeten und Pauken. Im Trio des Menuetts erklingen die Trompeten (allerdings nur im Oktaven-Unisono mit den Hörnern, mithin ausschließlich verstärkend), nicht jedoch die Pauken.

Es ist wenig erhellend, die vielfältigen Möglichkeiten, die Mozart im Orchestersatz zu Gebote standen, unter allgemeinen Gesichtspunkten systematisch erfassen zu wollen, oder gar von Mozarts „Instrumentation" zu sprechen. („Instrumentation" nannte er gelegentlich den Vorgang der Partiturniederschrift!). Denn die instrumentale Gestalt des Werks ist weder von der Substanz, d.h. der eigentlichen Komposition, noch von der besonderen Konstruktion zu trennen. Die Behandlung des Orchesters erscheint unlösbar verbunden mit dem Satzgefüge, in dem seinerseits allgemeine Verfahren des Satzbaus, ohne Einbuße an allgemeiner Gültigkeit, nur noch im Besonderen manifest wurden. Die Orchester-Behandlung der Wiener Klassiker sollte folglich nicht getrennt von der Analyse der Musik selber erörtert werden. Der spätere Begriff der „Instrumentation" hingegen unterstellt zum einen ein Verfahren, durch das musikalische Substanz eine instrumental-klangfarbliche ‚Einkleidung' erhalten würde oder könnte (was freilich in Wirklichkeit vornehmlich nur in minderwertiger Musik der Fall war), verweist zum anderen auf den außerordentlich bedeutsamen Vorgang, daß im Verlauf des 19. Jahrhunderts der reale Klang (Klangfarbe) zunehmend Einfluß auf den musikalischen Bau (Konstruktion) gewann.

Stand in der Wiener klassischen Musik der Klang der Instrumente und der ihrer Kombinationen im Dienst der Konstruktion, wobei die spezifischen Klangqualitäten allerdings wahrhaft ‚poetisches' Vermögen entfalteten, so nahm nach Beethoven die Poesie der Klangfarben die Konstruktion in ihren Dienst.

Einige allgemeine Bemerkungen zur Behandlung der Instrumentengruppen (vor allem Streicher und Hörner) mögen trotz der erwähnten Vorbehalte auf die Durchbildung und Differenzierung des orchestralen Satzes in Mozarts Jupiter-Sinfonie aufmerksam machen. Ich beschränke mich dabei vor allem auf die Streicher und die Hörner.

Die Violoncelli und Bässe werden von Mozart fast durchwegs in nur ein System notiert. Dennoch ließ er an vielen Stellen die Kontrabässe pausieren: beispielsweise zu Beginn des ersten Satzes (T. 3–4). Hier wird auch deutlich, daß es sich nicht bloß um eine klangliche Modifikation handelt, sondern um die Einführung einer besonderen, höheren Baßregion aus strukturellen Gründen. Häufig findet eine Teilung innerhalb des Baßsystems statt (divisi), wobei die Kontrabässe das Satzfundament übernehmen, die Celli hingegen Mittelstimmenfunktion (z.B. T. 39ff. oder T. 100ff.). Im Finale werden Celli und Bässe stellenweise als einzelne Stimmen (in eigenen Systemen notiert) geführt, so daß vorübergehend ein fünfstimmiger Streichersatz entsteht (T. 46–48 und T. 385ff.). Daß Celli und Bässe an den letztgenannten Stellen getrennte Wege gehen, ist allerdings anders als im ersten Satz durch die kontrapunktisch-imitatorische Technik begründet.

Neben anderen Funktionen übernehmen die Fagotte, wenngleich erstaunlich selten, die Rolle der verdoppelnden Verstärkung des Basses, bzw. anderer Instrumente. Wie sehr indessen auch Verdopplungen im Mozartschen Orchestersatz von struktureller Bedeutung sind und daher gezielt eingesetzt werden, zeigt eine Korrektur im Autograph. Sie betrifft eine Stelle im zweiten Teil des Menuetts (T. 28/29), an der die Fagotte ursprünglich die zweiten Violinen und Violen im Einklang, aber in Viertelbewegung verdoppelnd geführt wurden. Mozart tilgte die Verdopplung, offensichtlich damit der folgende Einsatz der Bässe umso markanter hervortreten könnte.

Die beiden Hörner haben (wie schon erwähnt) die Aufgabe, das Gerüst der Komposition sinnfällig zu machen, das der Fundamentlinie des Basses gewissermaßen noch übergeordnet ist. Deshalb, und nicht wegen vorgeblich klangfüllender Verwendung, nehmen sie am motivisch-thematischen Geschehen fast nie teil. Es ist außerdem kennzeichnend, daß die Hörner, ebenso wie Trompeten und Pauken, während der Durchführung des ersten Satzes, wo Labilität vorherrscht, zunächst nicht mitwirken (T. 121 – 160), sondern erst im Verlauf der scheinbaren Reprise (T. 161 ff.) und im anschließenden Schlußteil der Durchführung wieder auf den Plan treten, wo es darum ging, wieder festen Boden zu gewinnen. Besonders auffallend und ingeniös die Zentrierung des letzten Angangs zur Dominante (T. 171 ff.: chromatischer Abstieg der Bässe) durch die Hörner, Trompeten und Pauken bereits auf die I. Stufe C, sodann auf die V. Stufe G. Nur an einer einzigen Stelle des ersten Satzes übernehmen die Hörner den Baß des Bläserensembles, sozusagen statt der Fagotte, die dann an der entsprechenden Stelle vier Takte später mit der gleichen Baßfigur in die Normalität zurückführen (T. 24, T. 28 und dann T. 37). An der Parallelstelle in der Reprise (T. 212, dann T. 225) dagegen machte Mozart keinen Gebrauch von den Hörnern – möglicherweise nicht nur wegen des c-Moll-Dreiklangs, der hier (T. 212) den Dreiklang von C-Dur vertritt. Eine ähnliche und bemerkenswerte Vertauschung, in diesem Fall der Fagotte mit den Hörnern, findet im langsamen Satz statt (vgl. T. 40 und T. 42 mit T. 88 und T. 90). Über den Sinn dieses Wechsels wird noch zu reden sein.

Ausnehmend klar ausgeprägt ist ferner im Andante cantabile die Gerüstfunktion der Hörner. (Es sind gemäß der Tonart Hörner in F.) Im ersten Teil kommen ausschließlich die Töne F, C und G vor, die mit den harmonischen Zentraltönen der Tonart F-Dur zusammenfallen (I., V. und wechseldominantische Stufe). Im zweiten Teil erscheinen an einzelnen Stellen noch die Töne A und B (die III. und die IV. Stufe des F-Dur-Dreiklangs). Diese Töne repräsentieren jedoch weniger die harmonischen Stufen, als Kristallisationspunkte der Harmonie.

In seltenen, dafür allerdings stets bedeutsam herausgehobenen

Fällen verbinden sich die Hörner im Unisono mit den gesamten Streichern zu gemeinsamem Vortrag profilierter motivischer Gebilde. Die Takte 25–26 des Menuetts sind in der Jupiter-Sinfonie singulär, allenfalls vergleichbar mit dem die größte kontrapunktische Verdichtung einleitenden Eintritt des Devisen-Themas in der Coda des Finales (T. 373–376), wo die beiden Hörner sich mit dem durch die Fagotte verstärkten Baß im Unisono vereinigen.

Im übrigen tritt auch im Finale eindrucksvoll zutage, daß die Hörner eine eigene Schicht des Orchestersatzes bilden, die zwar am harmonischen Geschehen teilhat, aber keineswegs in ihm aufgeht oder gar durch den harmonischen Fortgang konstituiert wird. Das erstaunlichste Beispiel dafür ist die Durchführung, an der (im Unterschied zu der des ersten Satzes) die Hörner meist in blockhaftem Einsatz zusammen mit den Trompeten und Pauken wesentlich beteiligt sind, wiewohl, oder gerade weil die harmonischen und motivischen Dämme brechen, kein Halt mehr in den hochgehenden Wogen zu finden ist. Mit Ausnahme des eröffnenden Abschnitts (T. 158–172), in dem die Brechung der erreichten Dominanttonart (G) durch den unvermittelten Abstieg (T. 165: Bässe mit Oboe I und Fagott I) über die Sekund (f) zur Unterterz e durch die Hörner akzentuiert wird (T. 158–161 und T. 166–169), sowie mit Ausnahme der letzten beiden Durchführungstakte, beschränken sich die insgesamt acht Auftritte der Hörner, Trompeten und Pauken (diese pausieren allerdings zweimal) auf kurze, stets gleichartige Einwürfe mit dem markanten punktierten Initial-Rhythmus des imitatorisch verschränkten Streichermotivs. Diese Einwürfe, die in ihrem Zusammenhang mit den anderen Vorgängen noch zu erörtern sind, finden nur auf drei Stufen statt (C, G und D), und zwar in dieser Reihenfolge (T. 173–202): C, D, G, C, C, C, G, D. Sie entspricht nun keineswegs der Harmoniefolge in diesem Abschnitt. Die Einwürfe in C bestehen entweder nur aus dem Ton c, oder aus der Terz c – e, oder aus dem Dreiklang c – e – g, oder aus der Quinte c – g, und erscheinen in Verbindung mit den Harmonien F-Dur (c-Einsatz), a-Moll (c – e – Einsatz), C-Dur (c – e – g – Einsatz) und c-Moll (c – g – Einsatz); die Einwürfe in G aus der Quint g – d und werden mit G-Dur oder g-Moll verknüpft; die

Einwürfe in D nur aus dem Ton d und verbinden sich mit d-Moll. Die nur drei Stufen der Hörner/Trompeten/Pauken-Einwürfe beziehen sich auf sieben Tonarten, die folgenden harmonischen Ablauf ergeben (T. 173–202): aA – d – G – C – F – c – g – d. Die Einwürfe als harmoniefüllend zu bezeichnen, ist abwegig, da die Harmonie in Streichern und Holzbläsern stets vollständig erklingt. Aus der Folge der Einwürfe könnte die der Harmonie nicht rekonstruiert werden, hingegen wohl, wie noch zu zeigen ist, die unregelmäßige metrische Gliederung des betreffenden Vorgangs. Außerdem bekundet sich in der Stufenfolge der Einwürfe eine dem Harmonie-Fortgang übergeordnete Konstruktion, die allerdings erst offenbar wird, wenn man zumindest die gesamte Durchführung in Betracht nimmt. Hier bleibt noch die Frage zu beantworten, weshalb Mozart zweimal auf die Mitwirkung der Pauke verzichtete. Dies ist in den beiden D-Einsätzen der Fall. Da an beiden Stellen die d-Moll-Harmonie erklingt, hätte die Pauke (C oder G) trotz der herabgesetzten Tonhöhen-Qualität des Paukentons eine zu starke klangliche Verzerrung des Dreiklangs bewirkt (siehe T. 176 und T. 202).

Der Orchestersatz von Haydn, Mozart und Beethoven ist definiert durch die Disposition der Partitur, nicht hingegen durch die numerische Besetzung insbesondere der Streicher. Bekanntlich schwankte die Zahl der in den Orchestern mitwirkenden Instrumentalisten im 18. Jahrhundert von Ort zu Ort beträchtlich. Meistens standen nur relativ kleine Ensembles zur Verfügung, die kaum die Größe heutiger Kammerorchester erreichten. Dabei ist freilich zu bedenken, daß die Räumlichkeiten, in denen Orchestermusik zum Vortrag kam, in den seltensten Fällen den Ausmaßen späterer Konzertsäle nahe kamen. Ähnliches gilt für die damaligen Theater. Allerdings zeichnete sich in der zweiten Hälfte des 18. Jahrhunderts mit der Entstehung eines öffentlichen Konzertwesens vor allem in Paris und London die deutliche Tendenz zur numerischen Vergrößerung der Orchester ab.

Heute besteht die Gepflogenheit, die großen Sinfonien Haydns und Mozarts unter Berufung auf ihre historischen Bedingungen in einer gegenüber der regulären Stärke der meisten Orchester reduzierten Besetzung aufzuführen. Dies ist in doppelter Hinsicht fragwürdig. Einerseits wird der Grundsatz der Proportionalität zwischen Raumgröße und Orchesterstärke außer Acht gelassen, andererseits die Frage nicht einmal gestellt, inwiefern die realen Bedingungen, die im übrigen, wenn überhaupt, nur partiell rekonstruierbar sind, seinerzeit den sinfonischen Werken Haydns, Mozarts und Beethovens angemessen waren. Festzuhalten ist, daß es zu Lebzeiten Haydns, Mozarts und Beethovens noch keine normierte Besetzungs-Stärke gegeben hat. Orchestermusik war weniger durch die numerische Größe der Ensembles definiert, als vielmehr durch den musikalischen Satz (etwa wenn die stereotype Bläserbesetzung von Oboen und Hörnern beteiligt war). Ebenso inadäquat wäre es, nach heutigen Kriterien (also nach der Zahl der Mitwirkenden) Orchester- und Kammermusik zu unterscheiden, die nach Gattung und musikalischem Satz indessen sehr wohl unterschieden waren. Allerdings zeichnete sich bereits relativ früh (etwa in den 1770er Jahren) eine Polarisierung auch hinsichtlich der Besetzung ab. Zwar wurden noch zu Beethovens Zeiten zuweilen Sinfonien in ‚Kammerbesetzung' aufgeführt, doch, seitdem sich die neue Gattung des Streichquartetts durch Haydn konsolidiert hatte, niemals mehr Quartette in Mehrfach-Besetzung der Stimmen.

Wenngleich eine gewissermaßen ideale Orchestergröße für die Sinfonien der Wiener Klassiker nicht anzugeben ist – sie war damals unrealistisch und ist es im Grunde genommen auch heute – sollte man doch zur Kenntnis nehmen, daß sich Mozart mehrfach beifällig über nach damaligen Maßstäben ungewöhnlich große Orchester geäußert hat. Im Brief vom 4. November 1777 aus Mannheim nannte er das Orchester von rund 50 Musikern (22 Violinen, 4 Violen, je 2 Oboen, Flöten, Klarinetten, Hörner, je 4 Violoncelli, Fagotte und Kontrabässe), das beim Hochamt in der Schloßkapelle mitwirkte, „sehr gut und starck". [Bauer-Deutsch II, S. 101] Ein andermal berichtete er aus Wien (11. April 1781), daß in einem Konzert beim Hofkapellmeister Bonno eine seiner Sinfonien „Magnifique gegangen" sei und „allen Succés" gehabt habe, ohne zu verfehlen, auch die starke Orchesterbesetzung mit rund 90 Musikern (40 Violinen, je 10 Violen und Kontrabässe, 8 Celli,

6 Fagotte, alle Blasinstrumente verdoppelt) hervorzuheben. [Bauer-Deutsch III, S. 106]. „Das orchestre ist 180 Personnen stark" heißt es in einem Brief vom 24. März 1781 über ein projektiertes Konzert der Wiener „Tonkünstler-Societät" für Musiker-Witwen und -Waisen, das am 3. April stattfand und in dem auch eine Sinfonie von Mozart erklang. [Bauer-Deutsch III, S. 99] Besetzungen von dieser Größenordnung waren sicherlich selten und kamen nur ad hoc zustande, wenngleich an einigen großen europäischen Theatern, an einigen Höfen (z.B. Mannheim, dann München) und großstädtischen Konzertinstituten (London, Paris) die Zahl der Orchestermusiker im letzten Drittel des 18. Jahrhunderts zuweilen beträchtlich gewesen ist (vgl. auch Dokumente IV). Daß für heutige Verhältnisse meistens nur kleinere orchestrale Ensembles zur Verfügung standen, besagt nicht, daß stärker besetzte Orchester von den Komponisten nicht erwünscht gewesen wären. Die heutige Mode der ‚Original-Besetzung' müßte (abgesehen davon, daß die Bezeichnung nur Sinn hat hinsichtlich des in der Partitur vorgeschriebenen Instrumentariums) konsequenterweise dazu führen, auch in kleinere Konzert- und Theaterräume zurückzukehren und damit die Zuhörerzahlen drastisch zu reduzieren. Dies allerdings ist, so gut es wahrlich der Musik täte, weder durchsetzbar noch wünschbar. Ein weiterer Aspekt (vielleicht der wichtigste) wurde schon berührt: die Frage nämlich, inwiefern es heute berechtigt ist, den Aufführungsgepflogenheiten ohne Einschränkung Maßgeblichkeit zuzumessen angesichts von Werken, die sich im Rang und Anspruch erheblich vom Durchschnitt der damals komponierten Musik unterscheiden.

ZUR ANLAGE DES SINFONISCHEN SATZES IN DER WIENER KLASSISCHEN MUSIK

Eine gewisse Gleichartigkeit in der Anlage der meisten Instrumentalkompositionen von Haydn, Mozart, Beethoven und der ihrer Zeitgenossen, sowie das Ebenmaß und die Sicherheit, mit denen in diesen Sätzen die Teile zum Ganzen gefügt wurden, führte im 19. Jahrhundert, als die reifen Instrumentalwerke der Wiener Klassiker das Ansehen unübersteigbarer und normbildender Vollendung erlangten, zur Hypostasierung musikalischer ‚Formen', unter denen die des „Sonatenhauptsatzes" (bzw. „Sonatensatz" oder „Sonatenform") den ersten Platz einnahm. (Die Bezeichnung ist, nebenbei bemerkt, schon deshalb unglücklich, weil sie einerseits die Prävalenz der ‚Sonate', d.h. im damaligen Wortgebrauch bis heute vornehmlich der Klaviersonate, suggeriert, andererseits die bekannte Tatsache verschleiert, daß der „Sonatensatz" für schlechthin alle Gattungen, auch für das Konzert, Geltung besitzt.) Der „Sonatensatz" ist, knapp gesagt, folgendermaßen definiert:

1. Durch die *Dreiteiligkeit* (Exposition, Durchführung, Reprise),
2. durch die *Funktion* der drei Teile, die, z.T. wenigstens, aus ihren Bezeichnungen hervorgeht („Exposition" der motivisch-thematischen Substanz, deren verarbeitende „Durchführung" und „Wiederaufnahme"),
3. durch den *harmonischen Plan* (Exposition: Statuierung der Grundtonart, Wendung zur Dominante, dominantischer Abschluß [bzw. in Moll-Sätzen zur Dur-Parallele]; Durchführung: modulatorische Fortschreitung von der Dominanttonart [bzw. Dur-Parallele] wieder zurück zur Tonika; Reprise: Tonika erreicht und durchgehend festgehalten),
4. durch eine bestimmte, dualistische *Prägung der motivisch-thematischen Substanz* insbesondere in der Exposition (Folge von „Hauptsatz" und „Seitensatz", bzw. von „erstem Thema" und „zweitem Thema").

Die Theorie des Sonatensatzes krankt indessen an gravierenden Mängeln. Sie liegen teils auf der Hand, bleiben teils jedoch verborgen und verunklären demzufolge die Sachlage bis zur Unkenntlichkeit. Das musikalische Geschehen, mithin das Besondere, erscheint sub specie des formalen Schemas, mithin eines Allgemeinen, das Allgemeine aber wiederum sub specie des Besonderen. Es kam daher zu einer unzulässigen Vermengung der Kategorien: Der „Sonatensatz" ist als Modell einer Beschreibung, die Gleichartiges (Allgemeines) auf den Begriff bringt, zu speziell, als Beschreibung besonderer Vorgänge zu allgemein, zu abstrakt. Die „Sonatenform“ degenerierte zum leeren Schema. Sie wird demnach weder dem Allgemeinen (der Anlage), noch dem Besonderen (dem motivisch-rhythmischen Geschehen) gerecht. Unklar blieb auch das Verhältnis zwischen Allgemeinem und Besonderem. Es wurde ein Formschema ohne innere Beziehung zum ‚Inhalt‘ postuliert, der sein konnte wie er mochte, und ein Inhalt ohne Beziehung zur ‚Form‘. Diese verflachte Betrachtung rührte vor allem daher, daß aus der Formtheorie alle Gegebenheiten ausgeschlossen wurden, die das wahre Allgemeine in der Musik hätten begründen können: namentlich die Verhältnisse des musikalischen Satzbaus, der Metrisches, Rhythmisches und den Umgang mit musikalischen Gebilden umfaßt, mit einem Wort: die Prinzipe des kompositorischen Verfahrens. In ihm findet aber offensichtlich die Vermittlung zwischen der besonderen Werksgestalt und jenem Gemeinsamen der Anlage eines sinfonischen Satzes statt. Zielte die Theorie des Sonatensatzes fast ausschließlich auf die Fixierung vordergründiger Stationen eines musikalischen Vorgangs ab, so lag folgerichtig die Beschreibung des Zusammenhangs zwischen dem Prinzip des kompositorischen Verfahrens und der allgemeinen Architektur, und schon gar die Frage nach der Entstehung einer Bauweise, die zu derart weitgespannten Architekturen führte, wie sie in der Instrumentalmusik der Wiener Klassiker vorliegen, außerhalb ihres Gesichtskreises, der allerdings auch durch didaktische Absichten (Lehrdisziplin am Konservatorium) und Prämissen der im 19. Jahrhundert neu entstandenen ‚Musiktheorie‘ begrenzt war. Schließlich mußte die Frage offen bleiben, wieso die Anlage eines sinfonischen Satzes, die sich in vielen Kompositionen wiederfinden läßt, die besondere Formung und Fügung der musikalischen Substanz nicht nur zuließ, sondern ihr allgemeiner Charakter der besonderen Konzeption derart entgegenkam, daß von einem Gegensatz zwischen dem gleichartig Allgemeinen und dem unverwechselbar Besonderen nicht mehr die Rede sein kann.

Die Beteuerung, es handle sich beim Sonatensatz um kein starres, statisches Schema, vielmehr um einen dynamischen Formprozeß, ist nicht viel mehr als eine verbale Retusche des prinzipiellen Dilemmas einer Formtheorie, die letztlich die musikalische Substanz zur mehr oder minder beliebigen Ausfüllung eines Formschemas herabwürdigte. Der Versuch hingegen, dem motivisch-thematischen Geschehen im Sonatensatz, das gewiß dem musikalisch Besonderen zugehört und dessen Allgemeinheit allenfalls in der Verankerung im Verfahren des Satzbaus und in der Verwendung gewisser der musikalischen Sprache einer Epoche gemeinsamer Wendungen besteht, einen anspruchsvollen kunstästhetischen Überbau zu verleihen, der womöglich den Anschluß an kunstphilosophisches Niveau, bzw. allgemein philosophische Reflexion herstellte, verstrickt sich in die Widersprüchlichkeit der Formtheorie vom Sonatensatz und stößt immer dort auf seine Grenze, wo die Formtheorie versagt.

Fest steht, daß der Grundriß klassischer Instrumentalsätze ausschließlich harmonisch definiert ist. Doch die charakteristische harmonische Anlage repräsentiert einen *Vorgang*, kein bloßes Gerüst von harmonischen Fixpunkten. Dies wird durch die Herkunft der Anlage klar. Obwohl die Musik der Wiener Klassiker eine prinzipielle Dreiteiligkeit des Grundrisses nahelegte, blieb die ursprüngliche Zweiteiligkeit doch maßgeblich. Erst mit dieser Annahme, die auch der Sicht des 18. Jahrhunderts entspricht, läßt sich das Prinzip des harmonischen Vorgangs verdeutlichen. Der erste Teil reicht bis zum Doppelstrich, der in den Ecksätzen der Sinfonien von Haydn, Mozart und Beethoven ohne Ausnahme (sofern es sich nicht um Rondo- oder Variationssätze handelt) wiederholt werden soll.[6] Der zweite Teil umfaßt Durchführung und Reprise. Ein sicheres Indiz für die Zweiteiligkeit ist die große Zahl von Sinfoniesätzen der reifen Klassik, die eine Wiederholung auch des zweiten Teils vorschreiben.[7] Dies ist sogar im Finale der Jupiter-Sinfonie der Fall, wobei die Coda in die Wiederholung nicht miteinbegriffen ist. Daß in den meisten der großen Sinfonien Haydns und Mozarts, sowie in allen Sinfonien von Beethoven die Wiederholung des zweiten Teils nicht mehr gefordert wurde, hängt wohl mit der Ausdehnung zusammen, die vornehmlich der Durchführungsabschnitt innerhalb des zweiten Teils erfuhr. An der grundlegenden Zweiteiligkeit änderte dies nichts.

Die zweiteilige Anlage mit den beiden Wiederholungen ist indessen zweifellos von der Anlage der Tanzsätze herzuleiten, die im Menuett bzw. Scherzo des sinfonischen Zyklus ja auch ausdrücklich in Erscheinung tritt. Der ‚Form' des „Sonatensatzes" liegt demnach eine *choreographische Konzeption* zugrunde. Das heißt: Sie ist eo ipso raumausgreifend. Sie prägt sich vor allem in der Disposition harmonischer Komplexe aus, die in ihrer Abfolge einen deutlich, wenngleich nur im allgemeinen, konturierten Prozeß ergeben: Einem Komplex in der Grundtonart (I. Stufe), der als ‚Aufstellung' zu kennzeichnen wäre, folgt als ein zweiter, ausgreifender ‚Schritt' die Öffnung und dann die Befestigung der harmonischen Gegenposition (V. Stufe). An dieser Stelle ist die Notwendigkeit eines ‚Gangs' gegeben, der von dem am Ende des ersten Teils erreichten Standpunkt (Dominante) wieder zurückzuleiten hat zur Grundposition der I. Stufe (Tonika). In diesem ‚Übergang' hatte sich vor allem die Verwandlung der am Schluß des ersten Teils als neue Tonart etablierten Dominante wiederum zur V. Stufe der Grundtonart zu vollziehen. Es lag nahe, mit der Neugewinnung der tonartlichen Ausgangsbasis auch die Wiederaufnahme des Satzbeginns zu verbinden („Reprise"). Der choreographischen Vorstellung der Versammlung, der Herstellung einer endgültigen Ordnung entspricht die Wiederaufnahme des gesamten Expositionsgeschehens nunmehr auf der Ebene der Grundtonart. Schematisch ließe sich der Vorgang folgendermaßen veranschaulichen:

I Aufstellung Öffnung → V^V V Gegenposition: ‖
‖: Gang → (V) I Versammelnde Herstellung → V I — :‖

Im Vorgang der *Aufstellung* von Position und Gegenposition, des schweifenden *Gangs* und der *Herstellung* neu gefestigter Ordnung durch die *Aufhebung* der harmonischen Polarität treten fundamentale Spannungsverhältnisse zutage: nämlich die Polarität zwischen Geschlossenheit und Offenheit, ferner die zwischen in sich stabilen und in sich labilen Phasen. Weiterhin fand in der Anlage des klassischen Sinfonie-Satzes jene durch die Zeitstruktur der Musik begründete Akzentuierung von Anfang, Mitte und Schluß eine ausdrückliche und monumentale architektonische Ausformung. Die labile Phase (der ‚Gang') nimmt notwendigerweise die Mitte ein. Es ist die Stelle, an der die „Durchführung" stattfindet. Ihr Name ist freilich insofern irreführend, als aus dem Blickwinkel des allgemeinen Entwurfs einer großangelegten musikalischen Architektur und ihrer primär choreographischen Konzeption das motivische Geschehen (also die sog. motivisch-thematische Arbeit) eher sekundär ist. Und in der Tat erscheint der tiefere Sinn des ‚Gangs' bzw. des ‚Übergangs' in den Durchführungs-Abschnitten, die in der Musik der Wiener Klassiker ein besonderes Gewicht erhielten, keineswegs ausgelöscht oder auch nur geschmälert. Entscheidend ist stets, daß in den Durchführungen die festen Fügungen vielfach gewaltsam aufgebrochen werden. Wenn dies mit denselben Gebilden geschah, die man vorher eingebunden in einen gefestigten Bau vernommen hatte, so wuchs dadurch dem Vorgang der ‚Brechung' erhöhte Bedeutung zu.

Die choreographische Natur der Satzanlage wird schließlich beleuchtet durch jenen Abschnitt, um den nicht selten der zweite Teil (Durchführung + Reprise) erweitert wurde und der (wohl nicht immer zutreffend) als „Coda" (Anhang) bezeichnet wird. Der Terminus begegnet gelegentlich bei Haydn, Mozart und Beethoven, und zwar vorwiegend in Tanz- und Variationssätzen (z.B. Beethoven, Klaviersonate C-Dur op.2, Nr. 3: Coda nach der Wiederholung des Menuetts; 8 Variationen über „Une fièvre brûlante" WoO 72; Variationen WoO 64 und WoO 77). Dies legt die Vermutung nahe, daß der Coda-Anhang letztlich ebenfalls auf tänzerisch-choreographische Vorstellungen zurückgeht. Die Coda ist demnach kein bloßer Epilog. Sie hat vielmehr als abschließendes, über den Rahmen des Variationsthemas bzw. des Tanzsatzes hinausgehendes Element des Gesamtablaufs die Aufgabe, den Zyklus, sei es den von Tänzen oder den von Variationen, ausdrücklich und endgültig zum Abschluß zu bringen. Dies dürfte auch für die Coda-Abschnitte sinfonischer und anderer instrumentaler Sätze gelten. Es zeigt sich in der Tat, daß dort, wo eine Coda vorhanden ist, die entscheidenden Ereignisse, die aus allem Vorhergehenden die Summe ziehen, eben hier stattfinden. Zu verweisen wäre auf den Coda-Abschnitt des Andante cantabile (T.92ff.) der Jupiter-Sinfonie und auf die grandiose Coda des Finales (T. 358ff.). Von Mozart bezeichnete „Coda"-Abschnitte, die ebenfalls außerhalb der vorgeschriebenen Wiederholungen stehen und im Prinzip die gleiche Funktion haben wie die Coda des Finales der Jupiter-Sinfonie, finden sich im Finale der Sinfonie KV 202/186^{b}, im eröffnenden Adagio-Satz der Klaviersonate in Es KV 282/189^{g} und im Final-Presto der Klaviersonate in G KV 283/189^{h}.)

Unter dem Blickwinkel der Allgemeinheit der Anlage ist es gewiß unzulässig, für die motivisch-thematischen Vorgänge, die der Schicht des Besonderen zugehören, eine gleichsam präexistente Prägung anzunehmen und sie als konstitutiv für die „Form" hinzustellen („erstes Thema" bzw. „Hauptsatz", „zweites Thema" bzw. „Seitensatz", „Durchführung"). In der unsicheren, vagen Terminologie, innerhalb derer man sogar mit leeren Begriffshülsen wie „Überleitung", „Rückleitung" u.ä. zu operieren pflegt, spiegelt sich, am Rande vermerkt, die logische Abirrung. Es verhält sich vielmehr umgekehrt. Vorausgesetzt nämlich, es handelt sich bei der „Sonatensatzform" nicht um ein leeres Schema, sondern, wie dargelegt, um einen klar definierten Prozeß in verschiedenen, mit zwingender Logik aufeinander folgenden Schritten, dann ist die Bildung der musikalischen Substanz stets abhängig von der Funktion, die jener in den verschiedenen Momenten eines Satzes durch den Verlaufsplan zugewiesen wird. Daß es beispielsweise an der Stelle, an der die harmonische Gegenposition, die Dominanttonart, etabliert ist, zu Bildungen kommt, die häufig eine auch melodisch geschlossene Gestalt annehmen, die zum Terminus „zweites Thema" führte (obwohl ein entsprechendes „erstes Thema" nicht erscheint), erklärt sich aus der stereotyp wiederkehrenden, bestimmten Situation innerhalb der Gesamtanlage, nicht umgekehrt die Situation aus der Existenz des „zweiten Themas", das bekanntlich sehr häufig (z.B. in Haydnschen Sinfoniesätzen) fehlt, ohne daß dadurch der architektonische Aufbau rudimentär bliebe.

Da die Schritte des Grundrisses und die aus ihnen für die musikalische Substanz resultierenden Funktionen nur im allgemeinen festgelegt sind, eröffnete sich für die besonderen Formungen der Gebilde und der musikalischen Bewegungscharaktere ein potentiell unendlicher Spielraum. Er wurde durch die Wiener Klassiker dergestalt ausgenutzt, daß auch das architektonische Substrat als Bestandteil der besonderen Werkkonzeption in Erscheinung trat. Der Grundplan wurde kompositorisch jedes Mal erneut begründet. Das Allgemeine – und dies betrifft, versteht sich, nicht nur den Grundplan eines Satzes – wird gleichsam durch das Besondere der Werksgestalt aufgezehrt, um als allgemein Gültiges, Zuhandenes nun im Besonderen, im Entwurf des einzelnen Werks aufgehoben zu sein (elevatio).

Die Behauptung, es sei in der harmonischen Anlage des Sonatensatzes ein *Vorgang* impliziert, der seine Herkunft von choreographisch-räumlichen Vorstellungen nicht verleugnet und solche auch im konkreten Verlauf der Komposition zur Geltung bringt, bedarf noch der satztechnischen Begründung. Sie läßt sich nur leisten, wenn der Nachweis erbracht werden kann, daß auch auf der Ebene des Satzbaus, d.h. des kompositorischen Verfahrens, das gewissermaßen zwischen den spezifischen Bildungen der Substanz und dem Grundplan, mithin zwischen den Extremen des Besonderen und des Allgemeinen vermittelt, raumschaffende musikalische Choreographie wirksam wird. Tatsächlich ist dem Satzbau der Wiener klassischen Musik das Prinzip tänzerischer Musik und somit die Vorstellung, daß aus der Zeitgliederung eine ideelle Räumlichkeit erwächst, immanent. Die Voraussetzungen dazu zeichneten sich in der europäischen Musikgeschichte schon um 1730 ab, als die Generalbaßkomposition von einem neuen Verfahren des Tonsatzes abgelöst wurde, in dem musikalische Gebilde in Analogie zu Figuren auf genau abgemessener Spielfläche, zu Bewegung und Gegenbewegung in einem gleichförmig durch den zeitregulierenden Takt und durch das Raster von Kadenzierungen metrisierten Zeit-Raum, sich frei beweglich zu höheren Einheiten zusammenschlossen, Korrespondenzen (Symmetrien) oder gerade ihr Gegenteil bildeten. Auf der Basis von Takt- und Kadenzmetrik – es ist sinnvoll, das neue Kompositionsverfahren in Abhebung von der früheren Generalbaßkomposition als *takt- und kadenzmetrischen Satz* zu bezeichnen – erscheint als konstitutives Element der klein- und großräumigen Anlage der Wechsel bzw. die Antithetik von gangartigen offenen und geschlossenen Strukturen. Damit erhielten auch die fundamentalen Polaritäten, die im harmonischen Grundriß des Sonatensatzes ablesbar sind, ihre Entsprechung in den musikalischen Vorgängen selbst, und zwar im Kleinen wie im Großen. Vornehmlich in der Wiener klassischen Musik wurde der Antagonismus auf allen Ebenen des musikalischen Baus ausdrücklich zum Grundimpuls der Werkkonzeption erhoben. Die Entstehung einer raumanalogen Zeitgliederung durch Takt und Kadenzierungsabläufe ermöglichte einerseits auf der Ebene des Motivisch-Thematischen und des Rhythmischen die Ausformung plastischer Bewegungscharaktere, gewährte andererseits infolge ihrer zeit-räumlichen Bindung dem tänzerischen Impuls Einlaß in das musikalische Geschehen. Choreographisch begründet, wenn auch durch autonome Strukturen der Musik hergestellt, ist demnach der Dualismus bzw. die Dialektik, von denen häufig im Zusammenhang mit der „Sonatensatzform" gesprochen wird. Die tänzerische Beweglichkeit, der Antagonismus der einzelnen Gebilde, die sich vom Bewegungskontinuum (Basso continuo als Repräsentant des harmonischen Stroms) emanzipiert haben, und das in der Takt- und Kadenzordnung wirkende Prinzip der Subordination (Hypotaxe statt Parataxe), das raumschaffend ist, bedingen einander. Die kleineren Einheiten schließen sich, ohne ihre Eigenbewegung in ‚Schritt' und ‚Gegenschritt' einzubüßen, zu größeren Einheiten zusammen, die in gleichem Maße metrisch wie harmonisch verankert sind und schließlich die große Architektur des Sinfoniesatzes ergeben – übrigens auch in den Rondo- und Variationen-Anlagen. Die harmonische Anlage des Sonatensatzes erschöpft sich also nicht im Harmonischen, sondern bündelt ein System von Perspektiven, die ungeachtet der individuellen musikalischen Substanz metrisierte Räumlichkeiten eröffnen, ein weitmaschiges Beziehungsnetz ausspannen und formgebende Kräfte auslösen. Das Bezugssystem schreibt den musikalischen Bewegungsvorgängen, nach denen es verlangt, eine allgemeine Choreographie vor, innerhalb derer auch die einzelne Figur sich federnd tänzerisch bekundet.

Erst als die harmonische Komponente in der späteren Musik ihre perspektivische, zeitgliedernde, der Takt seine metrisch ordnende Eigenschaft weitgehend verloren, die einzelnen Harmonien eigenwertig wurden und wieder ähnlich wie in der Generalbaßmusik dazu tendierten, einen kontinuierlichen harmonischen Strom zu bilden, die innere Verbindung zwischen harmonisch-metrischer Anlage und dem Satzverfahren sich lockerte, sich endlich gänzlich auflöste, blieb das leere Schema, die „Sonatensatzform" als Gehäuse übrig. Sie nun „auszufüllen" wurde zum kompositorischen Problem. Weil aber das Auseinanderfallen von ‚Form' und ‚Inhalt' mit Recht als unbefriedigend erachtet wurde, postulierte die Musiktheorie die bekannte, aber (wie erwähnt) in sich unstimmige Definition, nach der im Sonatensatz das thematische Geschehen bestimmend zu sein habe. Sie mag, partiell wenigstens, für Schumann oder Brahms zutreffen. Für die Wiener Klassiker führt sie in die Irre.

Die choreographische Konzeption, verstanden als ideelle Bewegungsvorstellung, geht im übrigen auch aus der seit Haydn festliegenden Viersätzigkeit des sinfonischen Zyklus hervor. Die Grundcharaktere der einzelnen Sätze sind nämlich in der Wiener klassischen Musik noch durchaus geprägt von jeweils fundamentalen Begebenheitsvorstellungen, die seit alters her in spezifischen Aufgaben der Instrumentalmusik verankert waren. So bekundet sich in den Kopfsätzen fast immer der Charakter des festlichen, repräsentativen und Aufmerksamkeit heischenden Anhebens, der ursprünglich Genüge fand in klanglich gleichsam stationär entfalteten Trompeten- bzw. Fanfarenklängen aus Dreiklangsbrechungen. Der Finalsatz hingegen ist geprägt durch Momente des abrundenden, versammelnden und oft tänzerisch gestalteten, nichtsdestoweniger festlich-freudigen Kehraus, der den naheliegenden Abschluß einer der Alltäglichkeit enthobenen und besonders ausgezeichneten Veranstaltung bildete, ähnlich dem „lieto fine" (heiteren, glücklichen Ende) im musikalischen Drama seit Monteverdi.

In der Mitte des sinfonischen Zyklus formieren sich in betontem Gegensatz zu den Ecksätzen, aber auch untereinander entgegengesetzt die Situation lyrischer, arioser Musik (langsamer Satz), die als Inbegriff einer instrumental objektivierten Vokalität gelten kann, und die des Tanzes (Menuett), zu der die Instrumentalmusik einen genuinen Bezug besitzt. Die Behauptung ist daher nicht übertrieben, daß im sinfonischen Zyklus die fundamentalen Seinsweisen instrumentaler Musik, und insofern, als diese für das Ganze der Musik steht, auch die der Musik überhaupt, zusammengefaßt wurden. Dies mag eine der Voraussetzungen dafür gewesen sein, daß die Sinfonie im 18. Jahrhundert (nach ca. 1750) sehr bald zur vornehmsten, normsetzenden Gattung orchestraler Musik aufstieg und den höchsten Kunstanspruch auf sich zog.

1. Satz: Allegro vivace C

Der erste Satz schlägt mit einer Nachdrücklichkeit, die man fast programmatisch nennen könnte, den allgemeinen, repräsentativen Ton der Eröffnung an. Er resultiert aus den vor allem am Anfang dominierenden Marsch-Figuren, die wiederum zeichenhaft den Begebenheits-Charakter dieser Musik kundtun und aus Idee und Prägung der Opern-Ouvertüre erwachsen. Noch in der Wiener klassischen Musik ist das originäre Ethos instrumentaler Einleitungsstücke, das festliches Fanfarenspiel ebenso umfaßt wie den Bewegungs-Impuls des Einzugs-Marsches, noch nicht verblaßt. Die Tempobezeichnung „Allegro vivace" und der C-Takt verweisen auf Bewegungsformen des Marsches, und zwar des zeitüblichen Geschwindmarsches. Die zusätzliche Kennzeichnung „vivace" ist weniger als Vorschrift für gesteigertes Tempo aufzufassen, denn als Hinweis auf ein scharf zupackendes, feurig bewegtes Tempo von vitaler Agilität, wie es entsprechenden Märschen oder marschartigen Sätzen eigen ist. Als Belege nenne ich Figaros „Non più andrai" aus *Le nozze di Figaro* (Vivace C) und den Marsch (Nr. 6) aus Beethovens *Fidelio* (Vivace C). Der typologisch dem Beginn der Jupiter-Sinfonie zumindest oberflächlich nahestehende Anfang von Giovanni Paisiellos C-Dur-Sinfonia zur komischen Oper *L'inganno felice* (1798) mag als ein Beispiel von vielen demonstrieren, wie sich Eröffnungsfanfare, Marschcharaktere und Ouvertüren-Typus gegenseitig bedingten:

Beispiel 1

Die Anlage des ersten Satzes folgt der schon beschriebenen, choreographisch konzipierten Idee des Dreischritts (Aufstellung und Öffnung, Gang, abrundende Wiederherstellung). Diese Aussage ist indessen nur dann triftig, wenn man hinzufügt, daß die als Norm vorgegebene Anlage so behandelt wird, als müsse sie hier und jetzt durch das musikalische Geschehen von Grund auf entworfen werden und als gelte sie nur für dieses eine Mal. Die Architektur des Satzes erscheint demnach, ohne ihre normsetzende Kraft einzubüßen, in allen ihren Dimensionen mit Entschiedenheit in die unverwechselbare Werkphysiognomie aufgenommen.

Dem Dreischritt in der Anlage übergeordnet ist indessen nach wie vor die Zweiteiligkeit. Dies ergibt sich eindeutig aus dem annähernd ausgewogenen Verhältnis zwischen erstem und zweitem Teil. Der erste umfaßt (mit Wiederholung) 240 klingende Takte, der zweite 193 Takte (Durchführung [68 T.] und Reprise [125 T.]). Bemerkenswert ist außerdem, daß der Expositions-Teil nicht wie gewöhnlich aus zwei großen, thematisch voneinander abgehobenen

Abschnitten besteht, sondern aus drei Komplexen (T. 1–55, T. 56–100, T. 101–120; siehe Tafelbeispiele I, II, III), von denen die letzten beiden sich gegenüber den jeweils vorausgehenden progressiv verkürzen. Der Beginn einer neuen Phase (T. 56 und T. 101) geht stets mit der Einführung neuer motivisch-thematischer Substanz einher. Die zunehmende Verkürzung der Abschnitte aber hängt, wie noch zu zeigen ist, einerseits mit dem Bauplan des ersten Teils, andererseits mit der konkreten Formung der musikalischen Gedanken zusammen.

Die acht Eröffnungstakte stellen sich ungeachtet ihrer durchaus heterogenen Substanz als festgefügte Periode dar (4[2+2] + 4[2+2]) und exponieren die fundamentale Polarität von I. und V. Stufe in paariger ‚Auseinandersetzung', außerdem das metrische Grundmaß (2 Takte, Schwer – Leicht) und das Prinzip der harmonisch-metrischen Korrespondenz, ferner das der raumstiftenden Subordination kleinerer metrischer Einheiten unter größere (2 → 4 → 8), sowie die Einlösung gebietende Forderung einer den ganzen Satz umfassenden überschaubaren Architektur (Tafelbeispiele I). Die Eröffnungsperiode weist strenge Geschlossenheit in harmonisch spiegelsymmetrischer Anordnung und trotzdem auf knappstem Raum zusammengedrängt (vier Takte) den denkbar schärfsten Antagonismus der Gebilde auf.[8] Er ist derart ausgeprägt, daß von einem einheitlichen ‚Thema' nicht die Rede sein kann, wiewohl in den ersten vier Takten wesentliche Elemente des ersten Satzes enthalten sind: die ‚vorthematische', abtaktig festsetzende Schleifer-Figur (Hugo Riemann hat dergleichen Aufmerksamkeit heischende Bildungen mit dem anschaulichen Ausdruck „Vorhang" belegt), die eine genuine Eröffnungs- bzw. Endigungsformel ohne individuelles Gesicht ist und ihre Herkunft von der Marschmusik nicht verleugnet, und ein in auftaktiger Grundbewegung zielgerichtet-drängendes kantables Motiv (piano, legato), das sich aufblühend mit seiner klingenden Endung im Unterschied zu den Eröffnungsschlägen über den Taktschwerpunkt hinausschwingt.[9] Auffällig ist die unverhüllt exemplarische Natur beider Elemente. Für das anschlagende Schleifer-Motiv bedarf dies ohnehin keines Kommentars. Und das kantable Gebilde besteht eigentlich nur aus der Grundfigur empfindungshaltiger Musik: aus dem sequenzartig aufsteigenden dissonanten Vorhalt (Seufzerfigur). Wiewohl Empfindung nur als die eines Subjekts denkbar ist, erscheint sie hier in musikalisch objektivierter Gestalt. Daß der Charakter des Exemplarischen der Jupiter-Sinfonie mehr als jeder anderen Sinfonie Mozarts eigentümlich ist, zeigt sich unmißverständlich im Finale.

Der wahrhaft sprengende Antagonismus wird auf verschiedenen Ebenen manifest: Während die Unisono-Schläge zwar eine Zeitordnung setzen, aber keine Bewegung in Gang bringen, als musikalisierte Schläge auf den Bühnenboden zum Zeichen des Beginns gleichsam im Vormusikalischen verharren, entbindet das Auftakt-Motiv, das freilich mehr als nur ‚Motiv' ist, in nuce eine Welt beseelter Gesanglichkeit, ferner zielgerichtete Fortschreitung, Dynamik, harmonisch-stimmige Entfaltung und Rhythmus. Das geballte Unisono des vollen Orchesters weicht unvermittelt dem nur von den Violoncelli gestützten Streichersatz. Das Aussetzen der Kontrabässe soll nicht etwa die Zurücknahme des Forte aufs Piano mitbewerkstelligen, sondern die neue Disposition des Orchestersatzes sinnfällig machen. Die Gegensätze lassen sich durch folgende Begriffspaare umreißen: Trennendes – Zusammenhängendes, Unbewegtes (Aufstellung) – Bewegtes (Fortschreitung), Allgemeines – Besonderes, Bau (Objektives) – Empfindung (Subjektives).

Die ersten vier bzw. acht Takte stellen demnach mit einer Plastizität ohnegleichen und in knappster Formulierung das festgefügte Motto und das eigentliche ‚Thema' des Satzes dar: ausgehend von den extremen Polen der Musik (vormusikalischer Eröffnungsgestus und Musik als von Empfindung getränktes Gefüge) eine großangelegte Architektur aufzubauen, in der sich Konstruktion und Empfindung gegenseitig durchdringen, aber ebenso ihr Eigenrecht behalten, wie die jeweils heterogenen Bildungen. Vermittlung oder gar Einebnung findet nicht statt. Der exemplarische Beginn des Kopfsatzes zeigt ferner (und der weitere Verlauf bestätigt es), daß jegliche Formung auf allen denkbaren Ebenen das Gewicht des Thematischen besitzt. (Das übliche, aufs Melodische reduzierte Verfahren der motivisch-thematischen Analyse krankt an der Gleichschaltung der musikalischen Ereignisse.)

Das mit dem Vorhergehenden unverbunden mächtig einfallende Tutti des Orchesters (T. 9–23) bricht die paarige Geschlossenheit der achttaktigen Periode auf und bringt – nicht von ungefähr durch Hervorkehrung der Marsch-Charaktere (punktierte Rhythmen, Schleiferfigur) – erstmals vorwärtstreibende Bewegung in das Geschehen. Sie wird ausgelöst durch zwei Kadenz-Ansätze, die jeweils drei Takte umfassen und mithin das konstitutive Zweitaktmaß an entscheidender Stelle verlassen. Eine neue Disposition des Orchesters unterstreicht die plötzlich frei werdende Dynamik. Der Orchestersatz enthält nicht nur die volle Harmonie, sondern erscheint außerdem aufgespalten in drei ineinandergreifende und agil gegeneinanderwirkende Schichten:

Figur 1

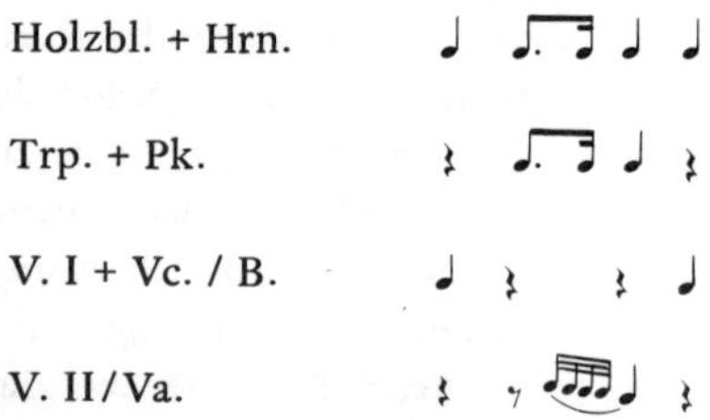

Der den Takt ausfüllende Marschrhythmus (Holzbl. + Hrn.) wird zerlegt in die einfassenden Orchesterschläge auf ‚eins' und ‚vier' (V. I + Vc. / B.) und die nachschlagende Figur (Trp. + Pk.), der glatte rhythmische Fluß gestört durch die stoßartig dreinfahrenden, abstürzenden Schleiferfiguren (V. II / Va.), die jeweils auf die dadurch willkürlich akzentuierte ‚drei' des Taktes hinzielen. Harmonisch findet durch die Einbeziehung der IV. Stufe (F) in den Kadenzvorgang eine entscheidende Erweiterung statt, die im übrigen auch auf die metrische Gliederung durchschlägt und die beiden Dreitakter zu Beginn dieses neuen Abschnitts (T. 9–14) mitbegründet.

Die beiden Kadenzansätze (T. 9–11 und T. 12–14) werden aufgefangen durch den bekräftigenden Wechsel von I. und V. Stufe

(T. 15–16), der zugleich eine metrische Verdichtung bringt (vorher ganztaktiger, nun halbtaktiger Harmoniewechsel). Mit einer unvermittelten Änderung der orchestralen Disposition (T. 17–18) erfolgt der Umschlag: die Kraft des ganzen Orchesters sammelt sich in einem die C-Dur-Quint herausmeißelnden, dann wie ein Katarakt im Dreiklang abstürzenden Quasi-Unisono. Die Folge ist die Umkehrung des I – V – Pendelschlags zu einem zuerst halbtaktigen, dann achteltaktig komprimierten V – I – Wechsel (T. 19–21, drei Takte!), durch den, wie aus dem nachfolgenden Schema des harmonisch-metrischen Baus hervorgeht, die Positionen von I. und V. Stufe vertauscht werden:

T. 9 12 15 17

I – / IV – / V – / I – / IV – / V – / I V / I V / I – / I –

3 3 2 2

19 22

/ V I / V I / V I V I · · · · / V – / V – /

3 2

Zielte vorher jede Taktgruppe bzw. jeder Takt wieder zurück auf die I. Stufe, so steht nach dem Umschlag jeweils die V. Stufe an der ersten Stelle im Takt und in der Taktgruppe. Dies bewirkt die Öffnung. Mit den beiden gewichtigen Dominanttakten am Schluß des Abschnitts (T. 22–23), die gleichsam das Widerlager zu den beiden Tonikatakten (T. 17–18) bilden, kommt die Bewegung zum Stillstand (Fermate!). Es ist ein Halt, in dem sich alle Energie konzentriert und der sich wie ein mächtiger, hinweisender Doppelpunkt ausnimmt, insofern aber auch syntaktisch sprechende Funktion hat, als die beiden Dominanttakte, die ja noch nicht die Dominanttonart kadenziell befestigen, also keinen wirklichen Abschluß darstellen, einen Neubeginn in der I. Stufe zwingend fordern. Aber diese erscheint nun notwendigerweise nicht als Gesetztes wie zu Beginn, sondern als Ergebnis eines Vorgangs.

Die Wiederaufnahme der I. Stufe (T. 24 ff.) geschieht erwartungsgemäß zunächst in der gleichen Konstellation der Hauptelemente wie zu Beginn. Aber die Elemente (das anschlagende Schleifermotiv und das kantable Gebilde) sind dem Hörer bereits bekannt. Mozart vergewissert sich ihrer, indem er sie zwar in den Violinen beläßt, aber sie doch durch die überbrückenden Linien der Holzbläser (Fl., Ob.) und durch den melodisch stützenden C-Dur-Dreiklang in den Hörnern in eine andere, eher beschauliche Sphäre hebt:

Beispiel 2

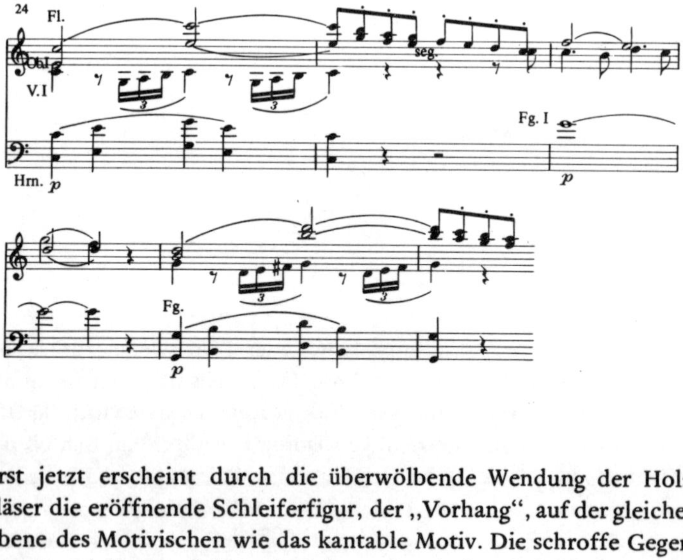

Erst jetzt erscheint durch die überwölbende Wendung der Holzbläser die eröffnende Schleiferfigur, der „Vorhang", auf der gleichen Ebene des Motivischen wie das kantable Motiv. Die schroffe Gegensetzung wird zwar nicht aufgehoben, aber (schon infolge des durchgehenden piano) vermittelt und vor allem als Gewebe neu artikuliert. Die ungewöhnliche Dreiklangs-Grundierung durch die Hörner, deren Stelle vier Takte später die Fagotte einnehmen und die an der Parallelstelle der Reprise (T. 212) nicht mehr auftreten, hat gewiß keine klangfarblichen, sondern strukturelle Gründe: Die Hörner nämlich gehören der Gerüst-Schicht des Satzes an und stehen hier stellvertretend für den Gestus des repräsentativen Beginns, der sich in den ersten Takten zusammen mit Trompeten und Pauken bekundet hatte. (Aus dem Autograph ist ersichtlich, daß die Dreiklangsfigur ursprünglich dem Fagott zugewiesen war.)

Im Ansatz auf der V. Stufe (T. 28), der sich wie der Nachsatz der Eröffnungsperiode (T. 5–8) anläßt, ereignet sich die zweite entscheidende Brechung, und zwar diesmal im kantablen Motiv, ohne daß zunächst die orchestrale Disposition sich änderte:

Beispiel 3

Indem das kantable Gebilde melodisch und harmonisch neu ausholt (T. 30–31), scheint es seiner inneren, der weiterführenden Dynamik zu folgen. Statt die I. Stufe zu umkreisen (wie T. 7–8), vollzieht es eine überraschende Wendung zur Dominante (A^7) der II. Stufe d (Subdominantparallele). Harmonische und melodische Energie bedingen einander. Erstmals wird der Kreis der Kadenz-Stufen (I., V. und IV.) aufgebrochen und erweitert. Dabei ist bemerkenswert, daß es im Anschluß an diese Brechung des kantablen Motivs mit der Abspaltung der klingenden Endung (T. 32–34) erstmals zu motivischer Verkleinerung kommt. Harmonisch ist sie verbunden mit einer Kette von Dominantseptakkorden, mithin einem Gang, in dem sowohl die Periodizität des Baus als auch die

Kadenzbindung aufgehoben erscheint (T. 31–34, 2 + 2 Takte: A^7 D^7 G^7 C^7), bis mit dem Eintritt der Celli und Violen eine auf den Halbschluß zueilende Kadenz das Geschehen einfängt (T. 35–36), ohne es freilich abzuschließen. Der erwartete Halbschluß tritt nicht ein. Stattdessen im Forte des vollen Orchesters (T. 37) ein drittes Mal das initiale Schleifer- und Schlagmotiv mit der Überbrückungswendung, aber nun nicht mehr in C-Dur (wie T. 1 und T. 24), sondern erstmals in G-Dur: Das Dominant-Niveau ist erreicht und wird nun wie eine Achse gleichsam festgehämmert bzw. ausgehalten in drei Instrumentengruppen (B., Va.; Hrn., Trp., Pk.; Fl., Ob.), während das kantable Motiv aufgewachsen zu monumentalem Volumen (erstmals im Forte; beide Violinen im Abstand von Tredezimen; Unisono von V. II, Fg. und Vc.) und sich sequenzartig jeweils um eine Sekunde in die Höhe schraubend seine Dynamik entfaltet (T. 39–48: 2 + 2 + 2 + 2 + 2). Dabei ist bemerkenswert, daß das Phänomen der Sequenz, das im kantablen Motiv selbst enthalten ist, nun auch in der Aufeinanderfolge des Motivs wirksam wird. Zu beachten ist auch die neue Artikulation des kantablen Motivs (bisher: 

jetzt: 

). Die Gespanntheit, die durch die Kombination des Motivs und der beherrschenden G-Stufe entsteht, zeigt an, daß der Satz nun in eine entscheidende Phase eintrat. Ähnlich wie an der entsprechenden Stelle im zweiten Abschnitt (T. 35–36) wird mit einem chromatischen Schritt im Baß (T. 47–48) der Halbschluß, doch diesmal von G-Dur, herbeigeführt. Aber anders als vorher beginnt mit der neuen Stufe (D) kein neuer Abschnitt (T. 49). Vielmehr kommt es im Rückgriff auf den Bestätigungs-Block des ersten Abschnitts (T. 9–16) und zuerst taktweise, dann halbtaktig zwischen D und G (nunmehr V. und I. Stufe) wechselnd zur Bekräftigung (T. 49–55: 2 + 2 + 2 + 1 = 7 Takte). Doch da sie in einem Takt der V. Stufe abbricht, bleibt die Situation wieder offen.

Bevor wir die Betrachtung an dieser Stelle des Abbrechens wieder aufnehmen, ist ein Rückblick auf die Konstruktion der drei großen Bögen (T. 1ff., T. 24ff., T. 37ff.) angebracht, die nahezu die Hälfte des Gesamtumfangs des Expositions-Teils ausmachen und in der Dialektik prägnant heterogener Bildungen den Bau errichten, der die weiteren Ereignisse auf dem nunmehr gesicherten Plateau der Dominanttonart G-Dur trägt.

Konstitutiv sind drei Gebilde, die im strengen Sinn motivischen Charakter aufweisen. Zwei von ihnen, das anschlagende Schleifer-Motiv und das kantable Motiv, sind ungeachtet ihres verschiedenen Individualitäts-Grades dadurch gekennzeichnet, daß sie in eine periodische Struktur eingebunden sind. Das dritte (T. 9ff.) besitzt zwar motivische Gestalt, entfaltet diese jedoch in einem Strukturgewebe, dessen tektonische Aufgabe im Vordergrund steht. Schließlich begegnen in allen drei Abschnitten Partien, die zwar ausgeprägte Bewegungscharaktere zur Geltung bringen, aber ausschließlich architektonische Funktion haben (im ersten Abschnitt die Takte 17–23, im zweiten die Takte 35–36, im dritten die Takte 47–48). Erst wenn man die Anordnung und Veränderung dieser Elemente ins Auge faßt, wird deutlich, mit welcher Freiheit und Strenge Mozart in der Kunst der kompositorischen Konstruktion verfuhr – einer Konstruktion freilich, die alle Zeichen einer geistsprühenden Lebendigkeit an sich hat.

Jeder der drei Abschnitte beginnt mit der paarigen Exponierung der beiden Hauptgebilde. Im ersten schließt sich gänzlich unmotiviert einfallend der vom Marschrhythmus profilierte Bekräftigungsblock an. Im zweiten Abschnitt (T. 24ff.), der sich wie ein abermaliger, nunmehr aber durch den vorausgehenden Durchbruch zur V. Stufe und das halbschlüssige Innehalten bekräftigter Neubeginn ausnimmt, bleibt die paarige Konstellation der Hauptgebilde erhalten. Doch mit einer Umlenkung des kantablen Motivs wird die periodische Geschlossenheit aufgehoben. Es kommt zur Abspaltung der klingenden Endung, dann glatt anschließend zur gleitenden Wendung abermals zur V. Stufe (T. 35–36), mit der ohne vorausgegangene Zäsur der dritte Abschnitt einsetzt (T. 37): Wiederum mit der eröffnenden Verbindung der Hauptmotive, doch nun nicht mehr auf der I., sondern auf der V. Stufe. Die sich anbahnende Periodizität indessen wird hier sogleich durchbrochen durch das mehrfach sequenzhaft wiederholte kantable Motiv. Die Abspaltung der klingenden Endung, ebenso wie der zweitaktige Bewegungsgestus, der aus der obstinaten G-Stufe ausbricht (T. 47–48), greift auf die Konstruktionsidee des zweiten Abschnitts zurück. Doch der Vorgang hat hier etwas Gewaltsames an sich, ist von neuer Intensität erfaßt. (Der zweite Abschnitt verlief durchgehend im Piano, der dritte ist durchgehend im Forte gehalten.) Ein neues Ziel wird anvisiert. Aber an der Stelle, nach der im zweiten Abschnitt der dritte begann, wird das Geschehen aufgefangen durch den marschartigen Bekräftigungsblock (T. 45 ff.). Somit schlägt der dritte Abschnitt den Bogen zurück zum ersten und zum zweiten. Die Elemente erscheinen nunmehr befreit von alten Bindungen und souverän neu zusammengefügt. Stete konstruktive Rückbindung und Befreiung ist das Kennzeichen dieser Konzeption.

Alle drei Abschnitte haben den Charakter des Anstiegs. Daher kommt es auch zu keiner regelrecht abschließenden Kadenz.

Das Abbrechen auf der wechseldominantischen Stufe D (T. 55) bereitet den Boden für das Neue. Das Dominant-Plateau ist erreicht, auf dem gleichsam Windstille herrscht, die Konflikte des Aufbaus musikalischer Konstruktion mit heterogenen Elementen verklungen sind. Daher vermag sich jetzt freie Kantabilität mit in sich selbst ruhendem Bau zu vereinen. Gänzlich gelöst von der bisherigen inneren Gespanntheit und Verspanntheit der Gebilde und Bewegungscharaktere tritt schwerelos (V. I + V. II), wenngleich metrisch mit abtaktiger Bestimmtheit, erstmals ein ‚Thema' im eigentlichen Wortsinn auf (T. 56) (Tafelbeispiele II). Es als „zweites Thema" zu bezeichnen, ist nicht nur deshalb irreführend, weil es vorher ein analoges „erstes" nicht gibt, sondern weil in der Wiener klassischen Musik die melodisch-motivische Formung abhängig ist von der Funktion der Gebilde in der Gesamtarchitektur eines Satzes. Die gedrängte, energische Sprache weicht schlagartig der Gelöstheit und heiteren Serenität, die ganz bei sich selbst und trotzdem von innerer Agilität geistvoll bewegt und artikuliert ist. Es ist, wie wenn in der ‚Handlung' eine neue Person ihren Auftritt hätte. Die zeichenhafte Einführung der Konstellation Melodie – Begleitung signalisiert beschauliche Geschlossenheit. Sie wird zwar hergestellt, doch mit Elementen, die eigenwillig auf ihrem Eigencharakter bestehen und sich in ihrer Folge antagonistisch zueinander verhalten:

Beispiel 4

Es bildet sich ein 6taktiger Vordersatz (2+2+2: T————D), der durch die Aktivität der Gebilde nicht als prädisponierte Form erscheint. Zwar wird die fließende Achtelbewegung (V.II) als begleitendes Bewegungs-Kontinuum beibehalten, doch der Baß, der erst im dritten Takt (T.58) melodisch wirksam und das eröffnende Violin-Motiv imitierend eintritt, läßt sich erst in den beiden abschließenden Takten (T.60/61) zur Fundamentierung der Halbschluß-Kadenz herbei. Der Baß ist es auch, der den wie eine simple, allerdings durch das die Melodielinie oktavierende Fagott bereicherte Wiederaufnahme erscheinenden Fortgang zum ausgeweiteten Nachsatz umlenkt (T.67). Dies geschieht durch den unvermittelten Schritt des Basses zur Dominantseptime (C). Es entsteht dort, wo man analog zur vorausgehenden Parallelstelle (T.61) den Einschnitt erwarten würde, der Sekundakkord, der Übergangsklang schlechthin. Er leitet die Kadenzabrundung (zur I. Stufe G) ein, die melodisch durch das wiederaufgenommene punktierte Motiv vollzogen wird. Durch die Wendung zur Moll-Parallele (T.68/69) erfährt die abschließende Linie eine innere Weitung, die auch durch den Eintritt der Flöte in der höheren Oktave (T.69 mit Auftakt) sinnfällig wird. Die melodische Linie gewinnt somit zweimal an Volumen: zunächst durch die Zuschaltung des Fagotts (T.62) in der Unteroktave (bzw. Doppeloktave), dann durch die Hinzunahme der Flöte (T.68) in der Oberoktave, so daß die melodisch führende Stimme in den Abschlußtakten den Tonraum von zwei Oktaven umfaßt, d.h. in hoher, mittlerer und tieferer Lage erklingt. Der Nachsatz überschreitet mit seinen zehn Takten (aus Zweitaktgruppen) auch den äußeren Umfang des Vordersatzes (6 Takte).

Motivische Zusammenhänge mit dem Vorausgegangenen sehen oder konstruieren zu wollen, käme einer Verkennung klassischer Satzarchitektur gleich. Einheit ist auf mehr oder minder vordergründige „Substanzgemeinschaft", allgemein ausgedrückt, auf motivische Vermittlung der Gebilde prinzipiell nicht angewiesen. Immerhin mag es kein Zufall sein, daß die anhebende Wendung (V.I, T.56–57), die zwei Takte später auch im Baß erscheint, melodisch und rhythmisch die Baßführung jener Takte zum Motiv erhebt, die im zweiten und dritten Abschnitt (T.36 und T.48) eine Kehre herbeiführten:

Beispiel 5

Und man geht vielleicht nicht fehl, die Folge aufsteigender Quinten (f → c → g) in den drei Ansätzen als verborgenen Zusammenhang zu interpretieren.

Die ausdrückliche Rückbindung auf motivischer Ebene aber erfolgt mit dem Eintritt des kantablen Hauptmotivs im abschließenden Tonikateil (Baß T.71. Tafelbeispiel II). Da es jedoch schon in diesem Takt zu einer vier Takte umfassenden Kadenz ansetzt, kommt es zu einer phasenverschobenen Gliederung, die eine kadenzielle Abrundung nicht zuläßt. Die melodischen Schlußtakte (T.71 und T.75) sind aus der Sicht der Konstruktion jeweils erste Takte eines offen bleibenden Kadenz-Ansatzes. Im Dialog zwischen dem kantablen Hauptmotiv und dem Epilog zum ‚zweiten Thema' bekundet sich somit auch ein Widerstreit in der Bauweise, der unter Wahrung des strukturellen und des melodischen Prinzips nicht aufzugehen vermag, den gemeinsamen Schluß verhindert. Diese Situation nützte Mozart zu einer geistreichen Aufhebung der als Abschluß erwarteten I. Stufe aus: Sowohl der Baß fällt aus seiner Rolle, indem er plötzlich die drei federnden Viertel des melodischen

Epilogs übernimmt (T. 77) und damit seine zielgerichtet kadenzbildende Kraft verliert, als auch die führende Oberstimme (V. I), indem sie in eben jenem Motiv hängenbleibt, also in ihrer abschliessenden Tendenz unterbrochen wird. (In der Staccato-Artikulation des Basses entpuppt sich das federnde Drei-Viertel-Motiv übrigens als die pointierte Form der klingenden Endung aus dem kantablen Hauptmotiv, die ‚kontrapunktisch' zu dieser bereits im zweiten Abschnitt des Expositions-Teils, T. 31 – 34, erklungen war.) Die harmonische Ausweichung über den basislosen verminderten Akkord (T. 77: h – gis' – f'' – d'''; zwischendominantisch zur II. Stufe) nach a-Moll (T. 78) und dann weiter zum dominantischen Terz-Quart-Akkord der G-Stufe (noch G-Dur oder schon C-Dur?), der unaufgelöst und artikuliert durch das Drei-Viertel-Motiv abbricht, läßt die tonartliche Plattform (G-Dur), die eben noch gesichert schien, zerfallen. Im nachfolgenden metrisch leichten Pausentakt (T. 80) potenzieren sich gegenseitig die Intensität des Abbruchs und die gespannteste Erwartung auf einen Fortgang, der außerhalb jeglicher Erwartung steht. Das gewaltige Einfallen des vollen Orchesters (forte) in c-Moll (T. 81) erfaßt den Hörer wie ein Umsturz und gewaltsamer Neubeginn (Beispiel 6). Er ist von einer Schroffheit und Willkür, für die es in der Wiener klassischen Musik (auch bei Beethoven!) nur wenige Beispiele geben dürfte. Hier wird blitzartig das kompositorische Gefüge beleuchtet als das, was es in der Musik der Wiener Klassiker ist: als souveräne, willkürliche Tat des Komponisten, als der manifeste Anspruch, die Gültigkeit und Einmaligkeit des musikalischen Kunstwerks aus dem freien Eingriff zu begründen. An dieser kritischen Stelle des Satzes fällt mit einem Male der Schein des fraglos Selbstverständlichen ab, und spätestens im Augenblick des befremdlichen c-Moll-Einsatzes müßte der Hörer gewahr werden, daß in Mozarts Konzeption eines schlüssigen Zusammenhangs das Bewährte, die im Präformierten gesicherte Konvention nicht mehr gilt.

Der c-Moll-Einsatz, der verbunden ist mit einem gleichfalls neuen, ausgreifenden Bewegungsduktus von rhythmisch und klanglich (mehrfach verdoppelter Terzton es!) ungemein geschärfter Intensität, und der den chromatischen Dreiton-Anstieg des ‚zweiten

Themas‘ übernimmt (es → e → f; in V. II sogar tongetreu g → gis → a), steht außerhalb des tonartlichen Zusammenhangs. Bestürzend unmotiviert wird erstmals die lichte Dur-Welt durch die fast dissonierende Spannung des Moll erschüttert. Und nichts wäre widersinniger, als das c-Moll schulmäßig als I. Stufe nach dem vorangegangenen Dominantseptakkord zu deuten. Mozarts Kunst besteht gerade darin, die Brechung durchaus ohne Erweiterung des harmonischen Rahmens zu vollziehen. Das Exterritoriale des c-Moll, das alsbald chromatisch ins Dur gewendet wird, zeigt sich auch in der Tatsache, daß die C-Tonart sich zunächst befestigt (T. 81 ff.), Bässe, Hörner, Trompeten und Pauken das C einhämmern:

Beispiel 6

Erst mit dem unvermuteten Schritt der Bässe zum D (Quartsextakkord von G-Dur) wird deutlich, daß jener gewaltsame Aufbruch den quasi subdominantischen Angang zu einer Kadenz nach G-Dur darstellt (T. 87–88). Es ist, wie wenn aus der äußersten Gefährdung des Zusammenhangs das „Rettende“, die Kadenz, herbeigezwungen würde. Tatsächlich war es bisher zu keinem Kadenz-Abschluß gekommen. C-Moll-Einsatz und Kadenz-Angang umfassen zusammen acht Takte (T. 81 – 88: 4+4 T.).

Statt des Lösungsklangs (I. Stufe) erklingt ein fünftaktiger kompakt strukturierter G-Dur-Block (T. 89 – 93: 3+2 T.), in dem auch das kantable Hauptmotiv in rhythmisch gestraffter Gestalt (♩. ♪ ♩. ♬ ♩. ♬) den Kadenzvorgang noch energischer herbeiführt. Eine Korrektur, die Mozart nachträglich in den beiden Takten anbrachte, in denen die kadenzierende Bewegung melodisch kulminiert (T. 92 – 93), zeigt, bis zu welchem Grade es ihm um die endgültige, die vollendete Formulierung zu tun war:

Beispiel 7

Ursprünglich:

Korrigiert in:

Erst die nervig zupackenden Konturen der korrigierten Fassung machen bewußt, wie vergleichsweise gewöhnlich, ja blaß die frühere Formung war.

Die Wucht der eingeleiteten Kadenz erlaubt indessen noch keinen abschließenden Halt auf der I. Stufe. So setzt der gleiche Kadenzierungs-Vorgang, allerdings orchestral intensiviert, nochmals ein (T. 94 – 100: Synkopische Bewegung in den ersten Violinen, Verdopplung der motivtragenden Streicher durch die Bläser, Hauptlinie nun von den Bässen übernommen). Doch er wird überraschend abgebogen (T. 97 ff.: 2+2 T.), verfängt sich in der V. Stufe. Der Spannungsklang bricht plötzlich ab, verwandelt sich in eine kraftlos abwärts gleitende Linie (V. I, piano) und endet ungestützt mit der Dominantseptime (c'). Alles bleibt in der Schwebe. Die Situation gleicht der am Ende des zweiten Themenkomplexes (T. 79), wo gleichfalls der kadenzierende Abschluß suspendiert wurde. Trotzdem ist sie neu: Denn der Abbruch an dieser Stelle mutet, vor allem durch die orchestrale Prägung der Vorbereitungstakte (T. 97–98), wie die Unterbrechung vor der Solistenkadenz im Konzert an. (Die Fälle, in denen das Orchester nicht mit einem Quartsextakkord, sondern mit einem dominantischen Akkord abbricht, sind zwar selten, kommen jedoch, insbesondere bei weniger einschneidenden Kadenzhalten, vor.) Vielleicht darf man die überhängende Piano-Figur der ersten Violinen als Abbreviatur einer Solistenkadenz interpretieren. Dem musikalischen Sachverhalt würde eine solche Deutung jedenfalls gerecht werden: Es entsteht in der Tat (ähnlich wie im Konzert nach dem Halt auf dem Quartsextakkord) ein Freiraum, der die endigende Setzung der Dominanttonart besonders hervorhebt. Mit dem Eintritt eines neuen, eines ‚dritten' Themas (T. 101 ff.) wird die ausdrückliche Setzung der G-Dur-Tonart vollzogen, eine letzte und befreiende Höhe ist erreicht (Tafelbeispiele III), die unberührt bleibt von Auseinandersetzungen und Trübungen. Die Höhenposition bringt gelassene, überlegene und lächelnde Heiterkeit mit sich. Wirklich haftet dem neuen Thema, das selbstvergessen, spielerisch und tänzerisch unbeschwert dahinzieht und sich wie ein Rondo-Thema ausnimmt, eine heitere, hinreißende Souveränität an. Wieder, wie zu Beginn des ‚zweiten Themas', sind die Streicher unter sich. Ihr transparenter Satz wird nur durch einzelne Bläser (Ob., dann Fg. I, später Fl.) konturiert. In der leichten Anmut nimmt das ‚dritte' Thema den Ton des ‚zweiten' auf. Es steht aber noch mehr über den Dingen. Das Pizzicato der Bässe und Violen unterstreicht die neue Qualität des Zuständlichen, das gleichwohl von Beweglichkeit durchwirkt ist. Es verwundert daher nicht, daß Mozart das Thema mit einigen (nicht unerheblichen) rhythmischen und wesentlichen orchestralen Änderungen aus einem anderen Werk übernahm, somit zitierte: nämlich aus der wenige Monate vorher (Mai 1788) entstandenen Einlage-Arie KV 541 „Un bacio di mano" für die damals in Wien aufgeführte Buffa-Oper *Le gelosie fortunate* von Pasquale Anfossi den rondohaften Refrain mit dem Text: „Voi siete un po' tondo / mio caro Pompeo, / l'usanze del mondo / andate a studiar." (Ihr seid ein wenig naiv, mein lieber Pompeo; geht und laßt euch über die Manieren der Welt belehren.) Die Melodie verkörpert den Gestus des überlegen Weltmännischen, den leichten, aber geistreich geschliffenen Konversationston.[10] Dabei ist bemerkenswert, daß im Unterschied zum ‚zweiten' das ‚dritte' Thema, dem Komödien-Charakter anhaftet, keine in sich gerundete Periode darstellt, sondern im jeweils zweitaktig schwingenden, zugleich auffangenden und immer weiter führenden Pendelschlag von der I. zur V. Stufe sich entfaltet (T. 101–110: 2+2+2+2+2). Die Tendenz zur reigenartigen Wiederkehr ist im übrigen auch in der Motivik gegeben. Ein Umschlag (motivisch, metrisch und harmonisch) erfolgt erst in der vierten Zweitaktgruppe (T. 107 ff.) durch Einbeziehung der IV. Stufe. Sie eröffnet zweimal einen kadenzierenden Ansatz (T. 108 und T. 110), der aber durch zwei zupackende neue, jeweils dreitaktige Kadenzabläufe (forte) aufgefangen wird (T. 111–116: 3+3). Sie brechen den eher beschaulichen Pendelschlag der Zweitaktgruppe auf und binden das ‚dritte Thema' nachdrücklich in die Gesamtarchitektur ein. Mit einem viertaktigen Bekräftigungsblock, der die Brücke zurück zu jenem Bauglied schlägt, das geprägt ist durch das nervige und doch stabilisierende Gegeneinander von Orchesterschlag- und Schleiferfigur (s. T. 9 ff. und T. 49 ff.), endet der Expositions-Teil. Die Weiträumigkeit des Konstruktionsplans wird ersichtlich, wenn man sich vergegenwärtigt, daß der erste dieser auffangenden Blöcke auf die Tonika (C) abzielt, der zweite auf der Wechseldominante (D) abbricht und der dritte die Dominante (G) bestätigt. Allerdings belehrt nicht nur ein Blick auf den Schluß des ersten Satzes, daß der bestätigende Dominantblock einen vollgültigen Schluß nicht abgeben könnte: Nicht nur, daß er metrisch auf ‚leichtem' Takt endigt, sondern auch die überhängenden Orchesterschläge (T. 120) sind kaum wirklich schlußkräftig. Sie nehmen vielmehr das Drei-Viertel-Motiv auf, das (wie schon ausgeführt) als die Staccato-Form der klingenden Endung zu hören ist und im Verlauf des Satzes eben gerade Unabgeschlossenheit repräsentierte (siehe T. 31 ff. Bläser, und T. 79).

Der Durchführungs-Abschnitt (T. 121–188) steht im Zeichen des Gangs (vom Gegenpol der Dominanttonart zur Grundtonart), mithin der Destabilisierung der Gebilde und der Konstruktionen. Demnach ist „thematische Arbeit" – nach älterer, anschaulicherer

Terminologie die „Zergliederung“ der thematischen Substanz – nicht der Zweck der Durchführung, sondern Folge der konstruktiven Idee. In der Durchführung nehmen die Kräfte, die das Feste, Geprägte in Transitorisches verwandeln, überhand. Der Konflikt zwischen gefügter Plastizität und strömender Labilität, die nicht von ungefähr von harmonischen Impulsen beherrscht wird, ist Gegenstand der Durchführung.

Der Durchführungs-Abschnitt ist zweigeteilt (T. 121–160 und T. 161–188). Die erste, ungleich längere Phase wird vom ‚dritten Thema‘ bzw. seinen Bestandteilen bestritten, die zweite, die mit einer Scheinreprise beginnt und von der festen Konstellation der anschlagenden Schleiferfigur, der Überbrückungswendung und des kantablen Hauptmotivs ausgeht (vgl. T. 24ff.), vor allem von der Schleiferfigur, findet aber am Schluß (T. 181) wieder zurück zur Endigungswendung des ‚dritten Themas‘.

Der Einfall, die Durchführung mit dem motivischen Komplex zu eröffnen, der die endgültige Konsolidierung der Dominanttonart am Ende der Exposition repräsentiert, erscheint zwingend. Umso willkürlicher und jeder musikalischen Verlaufslogik spottend, irren zwei Takte Oktaven-Unisono der Holzbläser (T. 121ff.) nach Es-Dur ab (T. 123). Die Pointe der Ablenkung offenbart sich dem Hörer freilich erst, wenn er durch die Wiederholung des Expositionsteils den natürlichen, ‚logischen‘ Anschluß von der V. (G) zur I. Stufe (C) des Satzanfangs vernommen hat. Wenn sodann das ‚dritte Thema‘ freischwebend im harmonischen Abseits Es-Dur zunächst in seiner vollständigen, auf Geschlossenheit abzielenden Form erklingt (T. 123–132), dann ist ein Widerspruch wirksam: eben der zwischen der abseitigen, fast unverbunden im harmonischen Raum schwebenden Tonart und der intakten Struktur des motivischen Zusammenhangs. Und es ist dieser Widerspruch, der mit Notwendigkeit zur Brechung führt. Durch die Abspaltung der Endigungs-Wendung kommt der Werdeprozeß (allerdings mit zwei Takten, die die Tonart Es-Dur zu bestätigen scheinen) in Gang (T. 133ff.), der keine harmonischen bzw. kadenziellen Haltepunkte mehr besitzt, gleichsam die festen Dämme bricht, und zunehmend auch die motivischen Konturen abschleift

(T. 139ff.). In einer ersten Etappe des Geschehens (T. 133–138), in der die Bläser mit einer marschartigen Nachschlagsfigur im rhythmisch-klanglichen Kontrapunkt sekundieren, erfolgt eine Erweiterung des harmonischen Radius ausgehend von Es durch jeweils dominantische Übergänge nach f- und g-Moll, wobei das Endigungsmotiv des ‚dritten Themas' dialogisch zwischen Violinen und Bässen (+ Violen) taktweise wechselt, der halbtaktige harmonische Rhythmus (der in der Motivendung vorgegeben ist) indessen erhalten bleibt. – In der zweiten Etappe (T. 139–146) zeichnet sich eine harmonische Sequenz in fallenden Quintschritten ab (g – C – f – B – Es), die über G, c und D wieder nach g-Moll führt, tonartlich also im Kreise geht. Der harmonische Rhythmus wird dabei großräumiger (Wechsel fast durchwegs in ganzen Takten). Die gezackten Fall-Figuren der Streicher, die nunmehr den motivischen Rahmen sprengen, werden durch ein intrikates Gegenspiel der Bläser begleitet. Ihre Funktion ist gewissermaßen kontrapunktisch, zumal auch hohe und tiefe Streicher kontrapunktische Satzart erkennen lassen. – Ohne Zäsur schließt die dritte Etappe an, wiederum in g-Moll (T. 147–152) und motivisch aufgefangen durch das Endigungsmotiv des ‚dritten Themas'. Es bringt jedoch harmonisch keine Festigung, sondern vollzieht eine Wendung nach E-Dur, das im Rahmen der C-Tonalität nicht weniger fremd wirkt als Es-Dur (zu Beginn der Durchführung). – Die vierte Etappe (T. 153–160) fängt im Pendelschlag des variierten Endigungsmotivs die Bewegung in E-Dur auf. Schlagartig erscheint die umwälzende Forte-Gewalt der vorangegangenen Ereignisse (T. 133ff.) verbraucht. Der plötzliche Umschlag der Bewegungsenergie in ein selbsttätig anmutendes Wechselspiel (Streicher, Bläser, Streicher), das bis zur Stillegung der tieferen Streicher getrieben wird, nachdem der Baß (Vc./B.) schon nach Erreichen der E-Dur-Stufe (T. 153) nicht mehr beteiligt wurde, spannt die Erwartungen aufs Höchste. Die Zügel erscheinen gelockert. Es ist eine gleichsam passive Situation, wie sie häufig am Ende von Durchführungen begegnet, bevor das Geschehen mit der Reprise wieder in ein aktives Stadium eintritt. Passiv, allmählich gleitend ist auch der, gleichwohl frappante, harmonische Übergang von E-Dur über den verminderten Akkord des – g' – b' – e'' (verkürzter Septnonakkord der Wechseldominante von E-Dur = verkürzter Dominantseptnonakkord von F-Dur) nach F-Dur (T. 157–160). Zu dem bisher erklungenen Abschnitt der Durchführung ist ferner anzumerken: Die zweitaktige Ordnung wird durchgehend beibehalten, ohne daß sich ein Zusammenschluß zu höheren Einheiten ergäbe; es entsteht ein gewisser Parallelismus, da die erste und dritte Etappe jeweils sechs Takte umfaßt, die zweite und vierte jeweils acht; als übergreifender Plan ist schließlich der Weg von Es über E nach F, der Subdominanttonart von C-Dur, auszumachen.

Nichts scheint einleuchtender zu sein, um die Zügel wieder anzuziehen und aus einer fast heillos verfahrenen Situation herauszufinden, als die Wiederaufnahme der Gebilde, mit denen der Satz eröffnet wurde. Daher wirkt der Eintritt der anschlagenden Schleiferfigur und des kantablen Motivs in der gleichen paarigen, jedoch durch die Überbrückungswendung verbundenen Disposition (siehe T. 14ff.) wie eine vorzeitige Reprise – freilich tonartlich unstatthaft nach F-Dur versetzt und seltsam uneigentlich im Piano (T. 161ff.). (Ob hier auch Ironie gegenüber dem Hörer, der normalerweise die absolute Tonhöhe nicht erkennt, im Spiel ist?) Doch bald wird deutlich (T. 167), daß es sich um das Anheben eines zweiten Durchführungs-Abschnitts handelt (T. 161–188). Womöglich noch unüberhörbarer setzt sich das Gesetz des Gangs durch. Wo man das abschließende Glied des Nachsatzes mit dem kantablen Motiv erwartet, tritt unter Ausschaltung des kantablen Motivs, das somit in der gesamten Durchführung nur einmal erklingt, (von C aus) um einen Ganzton höher gerückt (D) wieder die Schleiferfigur ein (T. 167), zwei Takte später erneut, jetzt auf der E-Stufe (T. 169). Die Rückungen werden herbeigeführt durch den Überbrückungsgang der Bläser, der im Expositions-Teil lediglich (wenngleich motivisch profiliert) vermittelte und nun in Aktivität versetzt wird. Die E-Dur-Stufe, die schon im ersten Durchführungsabschnitt Zielpunkt war, trägt nun als dominantische Absprungbasis nach a-Moll weiter – ein bedeutsamer Moment, der hervorgehoben wird durch das Eintreten des Forte und des vollen Orchesters (T. 171). Jetzt hebt ein harmonischer Gang an, der im chromatischen Abstieg der Bässe von a über gis, g, fis, f, e es jeden kadenziellen Halt verliert (T.171–178). Auch motivisch geht unter den peitschenden Schlägen der Schleiferfiguren jeglicher motivisch weiterreichende Zusammenhang verloren. Es handelt sich um eine Reduktion des Satzes auf die elementarsten Muster seines Aufbaus: den ungehemmt prozeßhaften Gang, der aller Architektur ledig ist, und die Initialfigur, die für sich einen Zusammenhang nicht zu stiften vermag. Kein Zufall aber ist es, daß der Gang in der labilen Mollparallele der Grundtonart (C-Dur) beginnt und daß er dort abbricht, bzw. wieder in eine konstruktive Beziehung zurückfindet, wo die Dominante von G-Dur (T.178: im Baß die tiefalterierte Quint as der D-Stufe) erreicht ist. Mit zwei Takten (T.179–180), die der Schleiferfigur wieder den festen Rahmen geben und nicht von ungefähr an die in ihrer Funktion entsprechenden Blöcke der Exposition erinnern (T.9ff., T.49ff., T.117ff.), wird der Taumel aufgefangen. Die anschließend, und wieder im Piano, eintretende Endigungswendung des ‚dritten Themas' stabilisiert den Stillstand (T.181–182). Er wird unterstrichen durch das Aussetzen der Streicher, durch die Übergabe an die Bläser und durch den Halteton der Hörner (T.183), während der Einsatz der Trompeten und Pauken (ebenfalls auf G) vier Takte vor dem Beginn der Reprise weniger der Festlegung der G-Stufe dient als der Ankündigung der kommenden I. Stufe (C) und der leisen, aber durchaus vernehmlichen Potenzierung dominantischer Energie auf das Ziel hin. Die fortgesetzten Achtelbrechungen der Holzbläser muten wie die Ausfigurierungen eines Orgelpunkts an. Auch damit erreichte Mozart bereits eine Umdeutung der Tonartebene von G-Dur (schließlich stand schon am Ende der Exposition eindeutig die Dominante als neues harmonisches Zentrum fest) und die dominantische Stufe. Diesen Vorgang, d.h. die Verwandlung der Dominanttonart von einer I. zu einer V. Stufe, könnte man als den konstruktiven Hauptzweck der Durchführung bezeichnen. Besiegelt wird er durch das Einfallen der Streicher. Ihr Zugriff ist es, der die Reprise herbeizwingt. Von strukturell entscheidender Bedeutung ist der Positionswechsel des Leittons in dem vielfach verdoppelten, die C-Oktave umfassenden Gang in parallelen Sextakkorden:

Beispiel 8

Überschaut man die gesamte Durchführung, so zeigt sich ein weitmaschiger Konstruktionsplan: Der Gang vom ‚exterritorialen' Es-Dur über zahlreiche Stufen nach F (Beginn des zweiten Durchführungsabschnitts) und von dort über a-Moll zur G-Stufe, die wieder auf den Status einer V. Stufe innerhalb der C-Tonalität zurückgeführt wird. Diese fixierbaren harmonischen Stationen sind Hauptstufen von C-Dur. Dies gilt auch für Es-Dur, dessen Einführung sich deuten läßt als die nachträgliche Stützung des in der Exposition so ungestüm einfallenden c-Moll durch die parallele Dur-Tonart. Außerdem scheint Mozart in der Durchführung die Verrückung der Ordnung vermittels der ihrer Stellung (und Gestalt) nach konträren Motive der Exposition (am Anfang und am Ende) vorgeschwebt zu haben. Auffällig ist ferner auch in der Durchführung ein weiträumiger Dreischritt: der Es-Dur-Eingang (12 T.), die erste Durchführungsphase (28 T.) und die zweite Durchführungsphase (28 T.).

Noch ein letztes wäre generell zu bemerken: In der Durchführung erscheint jenes Prinzip des musikalischen Baus auskomponiert und ins Große getrieben, das seine eminente Fruchtbarkeit auch für den Zusammenschluß kleiner und kleinster Bauglieder erwies, und das darin besteht, daß dominantisch endende Taktgruppen jeweils auf einen Tonika-Neubeginn abzielen und demgemäß Ketten von finalorientierten Gliedern entstehen (T D T D T D etc.). So gesehen wäre der Durchführungs-Abschnitt eines Satzes ein überdimensioniert ausgestaltetes, offen (d.h. dominantisch) endendes Bauglied, gewissermaßen die Prolongierung der Exposition (T → D), die Reprise als Ganzes das schlußkräftige Tonikaglied insofern, als sie in der Grundtonart verbleibt. Schematisch dargestellt: T → D (D) → D T — T.

Der Verlauf der Reprise, die als Ganzes gleichsam das Widerlager zu allem Vorangegangenen darstellt, entspricht im wesentlichen dem der Exposition. Allerdings schlägt Mozart zwischen dem Fermaten-Halt auf der V. Stufe (T.211) und dem mächtigen Neuansatz auf ebenderselben Stufe (T.225) einen überraschend neuen und freieren harmonischen Weg ein. In den beiden Takten (T.235–236), die auch in der Exposition (T.47–48) die Funktion eines Scharniers hatten, findet die Wendung statt, die alles Folgende wieder auf die Ebene der Grundtonart zurückführt: der Abbruch des anschließenden Bekräftigungsblocks (T.243) nun nicht mehr auf der wechseldominantischen Stufe, sondern auf der dominantischen, legt den Komplex des ‚zweiten Themas' im C-Dur fest. Der Moll-Eingriff (T.269, entsprechend T.81) erscheint neu geformt und wirkt weniger schroff und gewaltsam als in der Exposition. Vor allem wird die Kadenz glatter herbeigeführt. Es blieb freilich noch genug Widerständiges übrig. Und es verwundert kaum, daß in der Erstausgabe der Sinfonie in Stimmen (1793) der mehrfach verdoppelte, zur Quinte c dissonierende Sextton d (sixte ajoutée) eliminiert wurde (T.275: Ob.I, Hrn. I, Trp. I).

Den Anstoß für die Herstellung des Schlusses gibt die Einfügung eines einziges Taktes (T.305), mit dem der zweite der dreitaktigen Kadenzansätze im Anschluß an das ‚dritte Thema' zu einem Viertakter erweitert wird. Die Spannkraft dieses zusätzlichen Taktes in hämmernden Staccato-Achteln, der die hier analog zur Exposition erwartete I. Stufe trugschlüssig auffängt, löst die endgültige Schlußbildung aus. Sie setzt sich zusammen aus der I – V – Bestätigung mit der energisch zupackenden Schleiferfigur (V.I) und dem wuchtigen Schlag und Gegenschlag des übrigen Orchesters (entsprechend T.117–119) und – als entscheidendes Element – einem neu angesetzten, rhythmisch komprimierenden, I. und V. Stufe, dann den Dreiklang monumental herausmeißelnden Tonika-Block von zusammen acht Takten. Sein Gewicht erhält der Schlußblock dadurch, daß erst an dieser Stelle eine ausgebaute Tonika-Formation nach einem Kadenzvorgang in Erscheinung tritt. Erst jetzt realisiert der Hörer, daß es vorher nicht eine einzige wirkliche Schlußbildung gab, und daß an der einzigen Stelle, die durch einen mehrmaligen

Kadenzansatz einen Schluß anzukündigen schien (am Ende der Exposition), die überzeugende Schlußwirkung ausblieb. Nichts könnte eindrucksvoller die finalorientierte Konzeption eines klassischen Satzes dokumentieren.

2. Satz: Andante cantabile 3/4, F-Dur

Mozart hielt sich an die Konvention, in Dur-Sinfonien für den langsamen Satz die Subdominant-Tonart zu wählen. Auch der Tempo-Charakter fällt nicht aus dem Rahmen seiner orchestralen Mittelsätze. In den Sinfonien bewegen sie sich ausschließlich im Andante-Bereich. Dies gilt im übrigen mit nur vereinzelten Ausnahmen, dem Adagio des A-Dur-Konzerts KV 488 und wenigen Larghetti, auch für die Klavierkonzerte und hat mit dem Öffentlichkeits-Anspruch der Orchestermusik zu tun, die sich nicht nur an die „Kenner", sondern auch an den Kreis der „Liebhaber" wendete. Seiner Schwester ließ Mozart brieflich ausrichten, „daß in keinem Concerte Adagio, sondern lauter Andante seyn müssen." [9. (12.) VI. 1784 an den Vater: Bauer-Deutsch III, S. 318] Ähnlich hätte er sich auch über sinfonische Mittelsätze äußern können. Selbst Beethoven, der große Adagio-Komponist, schrieb für nur drei seiner Sinfonien (Dritte, Vierte, Neunte) Adagio-Sätze. In Mozarts Klavier- und Kammermusik, die vornehmlich ein Publikum von „Kennern" voraussetzte, findet sich die Adagio-Bezeichnung hingegen nicht selten. Es wäre freilich gänzlich abwegig, zwischen Andante- und Adagiosätzen Unterschiede des Kunstanspruchs postulieren zu wollen. Der Zug zum Repräsentativen und das ins Große und Allgemeine gehende Ethos bedeutete für Mozart ebenso wie für Haydn und Beethoven keine Begrenzung des Kunstcharakters.

Das Andante cantabile der Jupiter-Sinfonie ist wie der erste Satz zweiteilig angelegt, der erste Teil (Exposition) zu wiederholen. Eine Besonderheit liegt darin, daß der Mittelabschnitt (Durchführung), der nur 15 Takte umfaßt (gegenüber den 44 geschriebenen, aber 88 erklingenden Takten des Expositions-Teils und den 42 Takten der

Wiederaufnahme), keinerlei motivisch-thematische Arbeit aufweist, trotzdem die Funktion einer Durchführung voll erfüllt, ferner, daß die Reprise (T. 60ff.) nicht den Anfang des Satzes wiederaufnimmt, sondern den zweiten Einsatz des Hauptthemas, und in der ersten Phase durchführungsmäßig gestaltet ist, endlich, daß der Satz mit einer Art Coda schließt (T. 92ff.), in der der vorher (in der Reprise) übergangene Eröffnungsabschnitt nachgeholt wird.

Auf ein weiteres Merkmal des Satzes verweist die Cantabile-Bezeichnung. Er löst nachdrücklich den gesanglichen Gestus ein, der sich im Kopfsatz motivisch konzentriert nur im kantablen Motiv gezeigt hatte. Gesanglichkeit heißt ausladende, kontinuierlich strömende Linie als Äußerung des vornehmsten, exemplarischen ‚Instruments', der menschlichen Stimme, heißt weiterhin Aufhebung des trennend artikulierten Sprechens durch ein Anderes, Höheres. Die blühende Kantabilität, die den ganzen Satz durchwirkt, steht indessen in diesem Andante, ebenso wie in anderen Cantabile-Sätzen Mozarts, nicht im Gegensatz zur eindringlich sprechenden Artikulation, die der Musik durch das Instrumentale zuwuchs. Vielmehr bedingen und steigern sich das Artikulierende und das Gesangliche gegenseitig. Der durchgehend verhaltene Klang, der durch die gedämpften Violinen (die Sordino-Vorschrift bezieht sich wohl nicht auf die Violen, mit Sicherheit nicht auf die Bässe!) bewirkt wird, scheint zwischen den genannten Polen zu vermitteln.

Im allgemeinen wäre weiterhin zu bemerken, daß der Viertelwert zwar die Schlagzeit und zeitliche Grundeinheit der demnach großräumigen (kantablen) Bewegung darstellt, daß aber die Unterteilungswerte, Achtel, Sechzehntel, Sechzehnteltriolen und Zweiunddreißigstel, sowie alle Figuren und Gebilde, die aus diesen Werten geformt sind, Eigengewicht beanspruchen, erfüllt werden von kantabler Wärme und vielfältiger Empfindung – objektivierter Empfindung versteht sich. Ihre Skala reicht von gesammelter Innerlichkeit über leidenschaftlich Elegisches und schmerzhaft Gespanntes bis zu verschiedenen Graden des umspannend Erhabenen und des Feierlichen, sie umschließt Anmut und Würde.

Das Hauptmotiv, dessen Grundrhythmus an den der Sarabande erinnert ($\frac{3}{4}$ ♩ ♩. ♪ | ♩ ♩ 𝄽) und das in seinem Bewegungsduktus somit von einer gewissen Verhaltenheit gekennzeichnet ist, wird zunächst paarig und in harmonischer Geschlossenheit disponiert (I – V V – I) und bildet mit zwei weiterführend-ausweitenden Ansätzen einen vielfältig gegliederten Komplex aus zehn Takten (4 [2+2] + 2 + 4), von denen die ersten vier sich aus 2 + 2 harmonisch spiegelbildlich angeordneten Takten zusammensetzen, die beiden mittleren für sich stehen, und die letzten vier eine nicht untergliederbare Einheit darstellen (Tafelbeispiele IV). Der melodisch schließende fünfte Takt (Tonika) ist konstruktiv als Beginn des neuen Abschnitts aufzufassen.

Das ohne Baßfundament, aber mit abtaktiger Bestimmtheit auftretende Hauptmotiv (V. I: T. 1–2) ist seltsam ungefestigt und in seiner pointierten Rhythmik und Dynamik nicht eigentlich kantabel, dafür umso gebärdenhafter und sprechender. Zusätzlich artikulierend (nicht bloß begleitend!) wirkt der Gegenimpuls der übrigen Streicher (Eintritt auf der leichtesten, der dritten Zählzeit). Das unvermutet im Forte einfallende volle Orchester auf der leichten zweiten Zählzeit (T. 2) – eine wie gegen den Strich komponierte klingende Endung – gebietet entschieden Einhalt, erhebt energischen Einspruch gegen die gesangliche Entfaltung, spannt jedoch die Erwartung und hebt also ausdrücklich die Endigungswirkung auf, zumal da die V. Stufe (T. 2) als (unaufgelöster!) Terzquartakkord, die entsprechende Tonika (T. 4) als Sextakkord erscheint. Man vergegenwärtige sich, welche Vielfalt von Ereignissen sich im zweitaktigen Hauptmotiv, auf engstem Raum also, versammelt (Quart-, Sext- bzw. Septim-, verminderter Quint- bzw. Quintsprung, Terzbeziehung [f'–a', g'–b'], Bewegung in großen und kleinen Sekunden, Ab- und Aufstieg, punktiertes Achtel, doppelt punktiertes Viertel, Sechzehntel, Zweiunddreißigstel, Achtel, Achtelpause, piano und forte), um seine Spannkraft und Dichte zu ermessen. Hinzu kommt, daß das Gebilde, das mit seinen Antagonismen alle Eigenschaften eines belebend und fruchtbar weiterwirkenden Gedankens in sich vereinigt, eine bindende Konstruktion aufweist, nämlich einen zweimaligen Quartfall im Terzabstand (T. 3/4 entsprechend Quint- und Quartfall), während erster und letzter Motivton eine aufsteigende Quart bilden:

Beispiel 9

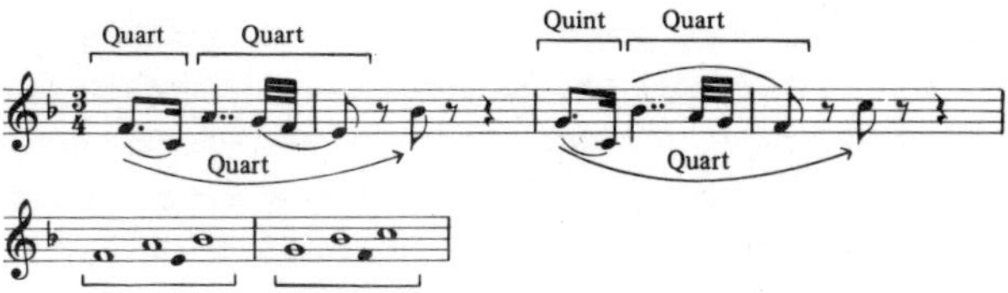

Bemerkenswert ist weiterhin die unterschiedliche rhythmische, metrische und melodische Qualität der Ecktöne des Quartenbaus, ferner die verschiedene Artikulation der melodisch ausgefüllten Quarte (T. 1/2 und T. 3/4). (Die Artikulation in Takt 1/2 kehrt übrigens nicht wieder, was gewiß kein Grund ist, sie nicht für beabsichtigt zu halten, und sie der nachfolgenden anzugleichen.) Zusammengenommen zeichnet sich in der Aufeinanderfolge des Motivs, ungeachtet ihrer Einbettung in eine harmonisch geschlossene Struktur (Rückkehr zur I. Stufe), melodisch ein sequenzhaft gestalteter, unaufhaltsamer Fortgang ab, der die Weiterführung gebietet. Daher wird die Wiederaufnahme des Hauptmotivs nun in der höheren Oktave (T. 5) einerseits als Ziel, andererseits als Neuansatz empfunden. Er löst der kantablen Innigkeit erst die Zunge (T. 5 – 6). Dies geschieht durch den spontanen Akt der rhythmischen Verkürzung der eigentlich melodischen Wendung (Tafelbeispiel IV die markierten Töne), durch ihre sogleich sich rundend fortströmende Entfaltung (T. 5, 3. Viertel) und ihren rhythmisch auffangenden, ausgeweiteten, chromatisch verdichteten Abschwung (T. 6), der einen erweiterten klingenden Schluß (auf der dritten, der leichtesten Zählzeit) bildet, und auf dem Trugschluß (VI. Stufe d), der zwischen Bewegung und Ruhe die Schwebe hält, ein Ende findet. Bässe und Violen treten hier einerseits später (erst im zweiten Takt), andererseits aber früher ein (auf der zweiten Zählzeit) und unterfangen dadurch die Endung in Gegenbewegung zum abwärts gleitenden Gesang der Violinen. Er umspannt eine volle Oktave (a'' – a'). Die Kluft (Viertelpause in T. 2 und T. 4) ist nun überbrückt. In den beschriebenen zwei Takten, in denen es zum Durchbruch des Kantablen kommt, scheint das Hauptmotiv zu sich selbst gekommen, in Freiheit gesetzt zu sein. Die trugschlüssige Endung, die wie stets bei Mozart und in der Wiener klassischen Musik ein Doppelgesicht besitzt, mit der Aufhebung der Schwere den Augenblick des Bewußtseins für das Vergangene und das Kommende aufgehen läßt, und somit eine Schlüsselposition einnimmt, eröffnet den Raum für ein Anderes. Mit neuem, bezwingend souveränem Impuls im Forte, ausladend, mit weitem Atem erfüllt und doch sprechend geführt, treten die Violinen mit ihrer Kantilene ein (T. 7), nunmehr kontinuierlich gestützt von einer charakteristischen Begleitbewegung (V. II, Va.) und getragen von den gleichfalls kontinuierlich pulsierenden Achteln der Bässe. Die Neudisposition des Orchestersatzes (Melodie, Begleitung, tragende Baßlinie, Bläser) unterstreicht nachdrücklich, daß eine neue Ebene betreten wurde. Das jetzt angebahnte Geschehen, mit dem bezeichnenderweise erstmals die labile IV. Stufe (B) ins Spiel kommt, mutet wie die Einlösung des Bisherigen an, zumal da die IV. Stufe eine weitgespannte Kadenz in Gang setzt, die auch die trugschlüssige VI. Stufe einbezieht. Durch den Eintritt beider Oboen im Unisono mit den ersten Violinen (T. 7), sodann die Raumgewinnung der melodischen Linie durch die Zuschaltung von Flöte und Fagott (T. 9) wird die Kantilene buchstäblich mit Atem erfüllt. Die Überwölbung des Vorausgegangenen durch den Neuansatz zeigt sich auch darin, daß nach der vorausgehenden Zweitaktigkeit sich nun eine viertaktige Einheit bildet (T. 7–10), wobei (wie schon bemerkt) der melodische Schlußton noch in den fünften Takt reicht (T. 11). Bemerkenswert ist ferner, daß die Kantilene nun nur noch in Sekunden und Terzen verläuft, alle größeren, die ‚unsanglichen' Intervalle, vermieden sind. Die frei strömende und artikulierte Beseelung der melodischen Linie geht einher mit einer erstaunlichen Ökonomie der melodischen Mittel: Zweimal setzt die Bewegung an (einmal forte T. 7, dann piano T. 9) mit einer Viertelnote von inwendig großem Volumen, das in der angebundenen Doppelschlagsfigur erweitert erscheint. Es ist, als ob die Abtaktigkeit erst hier zur Erfahrung ihrer selbst gelangt wäre. Auch die klingende Endung des Hauptmotivs wird beibehalten, jedoch in blühend melodische Qualität verwandelt (T. 8 und T. 10). Neben dem Initialelement der aus dem geweiteten Anfangston erwachsenden Doppelschlag-Figur – dem Inbegriff melodischen Aufschwungs – und dem Gestus der klingenden Endung ist als Zusammenhang stiftendes Element der Konstruktion die absteigende Viertonfigur zu nennen:

Beispiel 10

Betrachtet man die Endungen der einzelnen zweitaktigen Glieder, so fällt eine zunehmende Erweiterung auf: von der klingenden Endung auf dem zweiten Viertel (T. 2 und 4) zu einer verlängerten Endung auf dem dritten Viertel (T. 6), sodann zum melodisch überbrückten klingenden Schluß (T. 8) und zu einer letzten Weitung, die erstmals die Grenze des zweiten Taktes überschreitet und einen ‚starken' Schluß herbeiführt (T. 10/11). Er fängt die vorhergehenden klingenden Endungen auf und verankert das Geschehen folgerichtig wieder im Ausgangston und auf der I. Stufe.

In den Bässen jedoch, und somit in der Konstruktion, wird mit einem Neuansatz des Hauptmotivs in seiner paarigen Disposition der Schlußklang suspendiert (T. 11–14). Die pulsierende Achtelbewegung erscheint nun in den schwerelosen Raum der Bläser versetzt (Fg., Hrn.: die Hörner grundieren mit der Quinte c!). In dieser neuen orchestralen Konstellation erscheint eine neue ausholende und in der Luft hängende Gegenfigur (sie ließe sich einem anmutig schwebenden Genius vergleichen) mit weitem Flügelschlag in agiler Zweiunddreißigstel-Bewegung und klingend ausschwingender Endung:

Beispiel 11

Das geflügelte Gebilde überspannt die Kluft, die sich zwischen den Einsätzen des Hauptmotivs auftut. Daß dieses mit einer dominantisch geprägten I. Stufe (Septime es!) endigt (T. 14), verleiht dem geflügelten Gebilde einen zusätzlichen Impuls. Er wird (wie an der entsprechenden Stelle T. 7) auf der IV. Stufe aufgefangen durch die rhythmische Grundfigur des Hauptmotivs (♫ ♩. ♪), die nun überwölbende Macht entfaltet und eine Öffnung zum Halbschluß (V. Stufe C) herbeiführt (T. 15–18). Hier nun fallen melodischer und struktureller Schluß zusammen, wobei allerdings sowohl die klingende Endung als auch die kadenzierende Stufenfolge (IV–I) die Schlußwirkung aufhebt.

Der erste, exponierende Komplex des Andante besteht demnach aus zwei verketteten Abschnitten, von denen jeder mit der Tonika und mit der paarigen Disposition des Hauptmotivs beginnt, der erste zehn (4+2+4), der zweite acht Takte (4+4) umfaßt, der stete Rückbezug auf vorangegangene Bildungen jedoch verbunden ist mit dem in jedem Takt sich ereignenden Vorstoß in neue Regionen.

Mit einem gedehnten Auftakt der Bläser (Ob. I/Fg. I), der wie ein klagender Gestus anmutet, erhebt sich nun unvermittelt c-Moll-Größe aus der klaren Welt des F-Dur, bzw. der V. Stufe C (Tafelbeispiele V). Ein scharf (sfp) intonierter Bläser-Akkord zusammen mit dem Forte-Einsatz der Streicher eröffnet eine von bebenden Akzenten und labilen Bewegungsformen durchzogene Seelenlandschaft (T. 19ff.). Synkopische Spannungen, die Überlagerung von zwei- und dreizeitiger Sechzehntel-Bewegung, chromatische Lamento-Linien der Bläser (T. 23ff.), schmerzgezeichnete Unrast im Wechsel von forte und piano verleihen ihr schärfste Konturen. Das im Kopfsatz umstürzend einfallende c-Moll scheint im Andante seine volle Wirksamkeit zu entfalten. Dem harmonisch instabilen Fortgang entspricht die Abwesenheit melodisch geformter Substanz.

Die ersten vier Takte (T. 19–22) dieses zweiten Abschnitts des Expositions-Teils sind gleichwohl (wie die vier Eröffnungstakte des ersten) symmetrisch aufgebaut (I–V V–I). Dann aber kommt es zur Komprimierung der synkopisch fallenden Linien, die auch das metrische Bezugssystem des Taktes ins Wanken bringt (T. 23 ff.):

Beispiel 12

Es setzt sich nämlich gegen den Dreivierteltakt eine geradtaktige Gliederung durch (T. 23–26: viermal 2/4 + einmal 4/4), die erst im wechseldominantisch bzw. (von der C-Stufe aus) dominantisch ausschwingenden Schlußtakt (T. 27) wieder zur Dreiviertel-Gliederung zurückfindet. Dabei handelt es sich nicht um einen Taktwechsel, sondern um das auch in früherer Musik geläufige Verfahren der Hemiolenbildung (statt 4 x 3 Viertel nun 3 x 4 bzw. 6 x 2 Viertel). Diese neue metrische Gliederung dokumentiert sich auch im Wechsel der Harmonien, bzw. der Baß-Fortschreitung nach je zwei Vierteln. Wie fast immer bewirken auch hier die Hemiolen eine Raffung, die indessen an dieser Stelle zu einer dramatischen Zuspitzung und Stauung des Vorgangs führt. Entscheidend aber für die Schürzung der Bewegung nach dem gedrängten Zweiviertel-Puls und vor der ausklingenden Endung (T. 27) ist der Umschlag des Zweier-Metrums in eine Vierviertel-Gruppe (T. 25, 3. Viertel – T. 26). Die innere Weiträumigkeit der Endungs-Bildung bereitet ebenso den Boden für das Neue wie die erneute dominantische Anhebung (G).

Ein auskomponierter ‚Eingang‘ (V.I, Ob.I) überbrückt die Zäsur, so als ob sich das Ausklingen nicht genug tun könnte. Es wird aufgefangen durch ein abtaktig eintretendes neues Thema, in dessen großzügiger Viertelbewegung sich die Klärung und Gewinnung innerer Ruhe nach den Moll-Erschütterungen manifestiert, zugleich aber die Festigung der Dominanttonart C-Dur (T. 28ff.: Tafelbeispiele VI). Eine neue, erhabene Stufe der Kantabilität ist erreicht. In den dahinziehenden Gesang stimmen Oboen und Fagotte ein, in Gegenbewegung auch die Bässe (mit den Violen), die sich damit erstmals der Bewegungsform des Melos anschließen (T. 28–31). Der weite, hymnische Atem des Themas ist nicht zuletzt auf die ausladende Bewegungstendenz der gleichmäßigen Begleitung in Sechzehntel-Triolen zurückzuführen, ein Bewegungselement, das im c-Moll-Abschnitt eingeführt wurde und nun gleichsam zur Ruhe kommt. Die Konstruktion des Themas beruht wie die der vorangegangenen Ansätze (T. 1ff., T. 19ff.) auf der paarig-spiegelbildlichen und geschlossenen Anordnung I–V V–I (2+2 T.). Der Grundriß der harmonischen Architektur stellt sich demnach im ersten Teil des Andante folgendermaßen dar:

A B C

F: I V V I → V^7 I V V I → V | c: I V V I → V | C: I V V I → V^7 I V I V I

Takte: 2+2+2+4 2+2+ 4 2+2+ 5 2+2+3+4 2+2+2

Auffallend ist, daß wie im Kopfsatz ein Dreischritt vorliegt (ABC).

Die dem weitgespannten Thema folgenden drei(!) Takte stehen im Zeichen der ausgreifenden Bewegung, die sogleich (T. 32) auch harmonischen Raum erschließt und in sequenzartigem Fortgang verschiedene harmonische Regionen durchmißt (T. 32–34: A^7 → D^7 → G^7 → F[IV] → C^6_4 [I] → G^7[V]). Der weiche Legato-Grund der Begleitung (V. II) fließt zwar weiterhin kontinuierlich fort, doch neue motivische Gebilde (V. I) artikulieren den Charakter des befreit Fließenden und Gelösten:

Beispiel 13

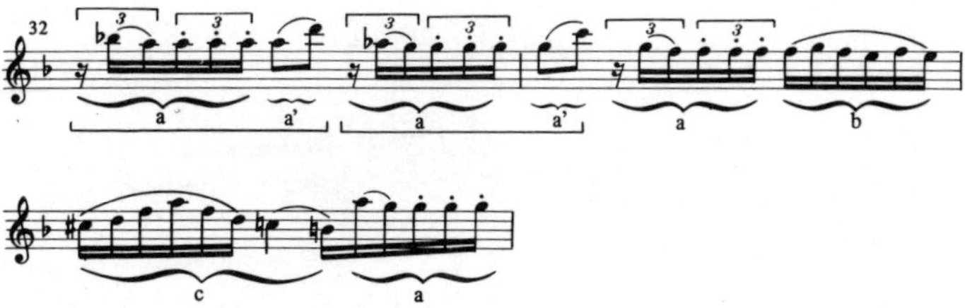

Es fällt bei der vielfach pauschalen, auf glatten Schönklang bedachten Mozart-Interpretation im Konzertsaal und auf Schallplatte nicht leicht, der impulsreichen Mannigfaltigkeit im melodischen Ablauf jener drei Takte inne zu werden (siehe Beispiel 13), geschweige denn der geistigen Regsamkeit, die im Umgang mit diesen motivischen Elementen im zweiten Ansatz der progressiven Erweiterung (nunmehr auf vier Takte) motivischen Kontur verleiht (T. 35 – 38). Hier kommt es nach zwei Takten, die gleich lauten wie die entsprechenden des Dreitakters, aber von den Bläsern neu artikuliert werden, zur Ausschaltung der Endigungswendung (c), bis im letzten (vierten) Takt das in Wellenbewegung sinkende Motiv (b) sich selbständig macht und nach einem Crescendo der Baß und die Holzbläser in eine zusammenfassende Achtelbewegung nunmehr auf der Forte-Stufe einmünden.

Die Geschlossenheit des bei sich selbst ruhenden Themas (T. 28 ff.) erfuhr in der Progression von einem dreitaktigen zu einem viertaktigen Glied, die beide dominantisch offen blieben, eine ungeahnt neue Erhebung, die zweimal (das zweite Mal zwingend) auf den Eintritt der schließenden I. Stufe (C) hinzielte. Ein je zweitaktiger Dialog zwischen Streichern und Bläsern stellt das metrische Gleichgewicht bestätigend wieder her, führt zurück auf einen, allerdings von weitem Atem getragenen, aufblühenden Pendelschlag von I. und V. Stufe, wobei die V. Stufe erst auf dem dritten Viertel des je zweiten Taktes eintritt (T. 39 – 42: 2+2 T.). Der Dialog wird in Gang gebracht durch ein epilogisch einfangendes Gebilde, in dem der Sekundanstieg des ‚hymnischen‘ Themas und die rundende Bewegung der Sechzehnteltriolen zur Einigung kommen:

Beispiel 14

Die I. Stufe wird dabei jeweils fixiert durch den Eintritt der Hörner (T. 39 und T. 41), die den Bewegungsfluß der Sechzehntel auf den Rhythmus und auf die Tonwiederholung reduzieren. Die exponierte Verwendung der Hörner an dieser Stelle ist hinsichtlich ihrer Bewegungsform ungewöhnlich. Es liegt indessen weder ‚koloristische Instrumentation‘ vor, wie sie im 19. Jahrhundert aufkam, noch ‚strukturelle‘ (etwa in dem Sinne wie sie von A. Webern am sechsstimmigen Ricercar aus Bachs *Musikalischem Opfer* praktiziert wurde), vielmehr der charakteristische Einsatz einer innerhalb des klassischen Orchesters von vornherein mit gewissen strukturellen Aufgaben betrauten Instrumentengruppe mit der Absicht, bestimmte Strukturen aufzubauen. Aufhaltung, Stillstand signalisiert außerdem die Unterbrechung der Baßlinie und (vor allem) der jeweils zweite Takt auf der beschaulichen Ebene der Bläser.

Die zwei die Exposition schließenden Tonika-Takte (T. 43–44) der Dominanttonart C bilden zunächst eine klingende Endung. Sie fällt auf den ersten, den ‚schweren‘ Takt. Mit ihm müßte, wenn hier ein echter Schluß beabsichtigt wäre, die Exposition enden. Mozart greift zu einem subtilen Mittel, die Schlußwirkung an dieser Stelle aufzuheben: Die ersten Violinen machen sich selbständig und setzen zu einer Übergangswendung an, die nun noch einen zweiten (‚leichten‘) Takt nach sich zieht. Damit aber, und auch dadurch, daß die Übergangswendung die I. Stufe melodisch in einen Dominantseptakkord verwandelt, muß ein neuer Beginn (mit ‚schwerem‘ Takt) folgen. Dies heißt: die beiden Schlußtakte werden zur dominantischen Vorbereitung für die Rückkehr der Grundtonart F-Dur bei der Wiederaufnahme der Exposition. Bleibt die Wiederholung aus, dann verlieren die analogen Takte zu Beginn des zweiten Teils (T. 45–46) die Qualität der unerwarteten Wendung zur Zwischendominante (A) der VI. Stufe von F-Dur (d-Moll).

In d-Moll hebt nun der Mittelsatz aus der Exposition erneut an (T. 47 ff.), wobei seine Tendenz zur Labilität, genauer, zur Brechung des Kadenz- und Taktrahmens, verstärkt zur Geltung kommt. Die analog zum entsprechenden vierten Takt der Exposition (T. 22) erwartete Rückkehr zur I. Stufe, die dort noch zu Beginn eine harmonisch geschlossene Struktur entstehen ließ, wird jetzt durch eine dominantische Ablenkung nach b-Moll vermieden (T. 50). Es folgen hemiolische Brechungen des Taktmetrums durch den komprimierten Synkopenfall, die, ausgelöst von einem Quartsext-Vorhaltsakkord, eine Kette von jeweils in ihre Unterquarte fallenden Moll-Harmonien in Gang setzen (T. 51–54: b^6_4 b f c g d). Die harmonische Zentrierung wird ebenso außer Kraft gesetzt wie das Taktmaß. Und doch erweist sich der haltlose Gang als Kreisbewegung. Daß wieder die Ausgangsharmonie (d-Moll) erreicht wurde (T. 54), wird allerdings erst im nachfolgenden Takt deutlich (T. 55), dort nämlich, wo über die ‚neapolitanische' IV. Stufe und die II. Stufe (Wechseldominante) die V. Stufe A erfaßt und vorübergehend wieder der Dreivierteltakt hergestellt wird. Dies geschieht harmonisch durch den chromatischen Schritt im Baß, motivisch durch die Einführung der ausschwingenden Figur aus dem Epilog des ersten Teils (siehe T. 39). Sie bleibt nun über vier Takte hinweg bestimmend (T. 56–59) und verbindet sich mit dem harmonisch stationären Pendelschlag (Dominante / Wechseldominante), der das Geschehen auffängt, zugleich aber erneut die Zweiergliederung entstehen läßt (4 x 2). Die dadurch herbeigeführte Konsolidierung erfolgt aber in der falschen Tonart (V. Stufe von d-Moll!) und im falschen Taktmaß (2/4). Ein ingeniöser Eingriff – die Verwandlung des Halbschluß-Klangs A, der im Wechselschlag stets die Position der Thesis einnimmt, in einen D^7-Akkord – bringt den Durchbruch, löst eine Reihe von fallenden Dominantseptakkorden aus ($A^7 \rightarrow D^7 \rightarrow G^7 \rightarrow C^7$), die kein eindeutiges Taktmetrum mehr erkennen lassen und gleichsam selbsttätig weitertragend den Dominantseptakkord der Grundtonart F erreichen, der allerdings erst rückwirkend nach dem F-Dur-Eintritt des Hauptthemas, somit der Reprise (T. 60) als solcher empfunden wird. Erst hier erweist sich auch die Reihe als Potenzierung der Dominante.

Die soeben beschriebenen, insbesondere metrisch und harmonisch kompliziert konstruierten Vorgänge sind außerdem im Lichte sich überlagernder Gliederungen zu hören. So ist der labile Mittelabschnitt des Andante (T. 47 ff.) bis zum Eintritt der Reprise (T. 60) in dreimal vier Takten angelegt; die mittlere Viertaktgruppe erscheint indessen um einen Takt erweitert. Und gerade dieser fünfte Takt (T. 55) ist es, in dem sich die entscheidende, auffangende Drehung vollzieht. Auch die folgende Brechung des Dreiviertel-Taktes (T. 56 ff.) und endlich jeglicher Taktgebundenheit ist in vier Takte eingebaut (4 x 3), innerhalb derer man eine durchgehend hemiolische Gliederung annehmen kann (6 x 2).

Die Wiederaufnahme (T. 60) erfolgt mit dem zweiten Eintritt des Hauptmotivs (T. 11 ff.). Man mag an ein verkürztes Da-Capo („dal segno") einer Arie denken. Allerdings nicht nur dies ist für einen Reprisen-Teil ungewöhnlich: Denn auch die Disposition des Hauptmotivs erfährt gegenüber dem analogen Vorgang in der Exposition eine Erweiterung, die aus der Aktivierung der ausholenden Zweiunddreißigstel-Figur (siehe Beispiel 11) hervorgeht. Aus den vier entsprechenden Takten in der Exposition (T. 11–14) werden nun sieben. Daß hier tatsächlich der weite Flügelschlag der Gänge zum treibenden, beherrschenden Moment erhoben wird, erweist sich im folgenden, durchführungsartigen und in der Subdominante (B) anhebenden Forte-Abschnitt, der keine Entsprechung im ersten Teil besitzt (T. 67–75: 4+2+2+1). Den nun ununterbrochen dahinstürmenden Zweiunddreißigstel-Gängen (Streicher), die neue Energien frei werden lassen, stemmt sich, gewissermaßen kontrapunktisch, eine rhythmisch geprägte Figur in sämtlichen Bläsern entgegen ( ), in der man wohl die Verkürzung von Eingang und Endung des Hauptmotivs hören darf. In mächtigem Angang konstituiert sich aus flammend-energischer Bewegung, die auch harmonisch einen großen Bogen spannt (T. 67: von der IV. Stufe B zur II. wechseldominantischen Stufe G), der Charakter des

Erhabenen, heroischer Größe, wie man sie in einem Cantabile-Satz kaum vermuten würde. Gipfel- und Zielpunkt sind die beiden Takte (T. 71–72), in denen die Bläser fanfarenhaft einen Marschrhythmus anschlagen und festhalten, die Bässe verstärkt durch die Violen mit den eruptiven Zweiunddreißigstel-Gängen im Fortissimo (eine seltene Vorschrift bei Mozart!) losbrechen und die Violinen in doppelgriffiger Vergrößerung den C-Dur-Dreiklang triumphal aufsteigend durchmessen. Der lange Drei-Achtel-Auftakt der Moll-Episode erscheint hier in einer neuen Gestalt, die Überwindung der labilen Moll-Sphäre signalisiert. Das c-Moll der Exposition ist gleichsam ausgelöscht. Dies wird umso deutlicher, als auf dem Kulminationspunkt des Satzes, in dem auch das richtungsweisende C-Dur (weit über seine harmonische Funktion als Dominanttonart im Andante hinausgehend) seine beherrschenden Rechte anmeldet, die synkopische Figur auf zwei Takte reduziert (T. 73–74) erstmals ebenfalls in Dur in Erscheinung tritt und diesmal aber nicht weiterführt, sondern das C-Dur abfängt. Ein letzter Takt (T. 75) mit klingender Endung bringt den Stillstand auf der C-Stufe, die ähnlich wie in den beiden letzten Takten der Exposition erst durch eine Übergangs-Wendung als dominantische Harmonie kenntlich wird, und bereitet den Boden für die Wiederaufnahme des ausladenden Themas, nunmehr in der Grundtonart F-Dur (T. 76ff.). Das Folgende entspricht bis zum Takt 91 bei einigen, z.T. erheblichen Abwandlungen in der orchestralen Fassung dem Verlauf im ersten Teil.

Wie aus dem Autograph hervorgeht, sollte das Andante mit sechs nach Takt 91 folgenden Takten schließen, von denen die letzten drei in der endgültigen Fassung beibehalten wurden. Doch nachträglich (offensichtlich erst nach der Komposition des Menuetts) strich Mozart die drei ursprünglich vorausgehenden Takte:

Beispiel 15

(In den gestrichenen Takten blieben die übrigen Systeme leer; T. 91, V. I die Übergangsfigur im Zuge der Neukonzeption des Schlusses gestrichen und im leeren System darüber in veränderter, endgültiger Form notiert.)

Der Andante-Schluß erhielt eine neue Gestalt, die zugleich die Gesamtkonzeption des Satzes betraf. Denn Mozart fügte an Stelle der drei gestrichenen Takte, in denen der nur noch abebbende Schluß durch die Übergangsfigur eingefädelt wurde, den Eröffnungskomplex des Satzes in bedeutsam geraffter und durch den überbrückenden Flügelschlag der Zweiunddreißigstel-Figur bereicherter Form ein (T. 92–98). Was einerseits wie eine nachgeholte Reprise des Anfangs wirkt, erweist sich andererseits als die mit dem Siegel des Endgültigen versehene Formulierung des Hauptthemen-Komplexes. Ausdrücklich schlägt diese Schlußphase des Satzes die Brücke zum Anfang. Die Eingriffe, die Mozart vornahm, können in der Tat nur gewürdigt werden, wenn der Anfang, ja der gesamte Verlauf, im Gedächtnis haftet. Sie bestehen insbesondere darin, daß vom erwarteten zweiten Ansatz des Hauptmotivs nur die Endung bleibt (T. 94), somit der Anschluß des ‚Nachsatzes' gleichsam direkt erfolgt und die mehrgliedrig kantable Linie erstmals mit einem echten Schluß versehen wird: mit eben jenen drei Takten (T. 99–101), die ihre Physiognomie von den jeweils epilogisch beschließenden Gliedern am Ende der Exposition und der ‚ersten' Reprise (T. 39ff. und T. 87ff.) entlehnen, aber in ihrer Konstruktion zusammengedrängt erscheinen (und zwar mit Ausnahme des Schlußtaktes von vier auf zwei Takte). Außerdem entfiel das epilogische Motiv. Die Herstellung des klingenden Schlusses (erstmals auf ‚schwerem' Takt) ereignet sich im Dialog zwischen dem aufhaltenden Pulsieren der Hörner (in der V. Stufe C), deren strukturelle Funktion hier unverkennbar hervortritt, und einer melodisch zusprechenden Figur der ersten Violinen; ein fortschreitend leiserer Dialog (p, pp), der eingebettet ist in den Wechsel von I. und V. Stufe. Eine Korrektur, die Mozart an der zweiten der ursprünglich gleichlautenden Figuren vornahm (T. 100, V. I und Fl.) zeigt eindrucksvoll, in welchem nicht mehr übersteigbaren Grade die Konzeption der vollendeten, gültigen Formung des Werks auch den einzelnen Ton erfaßt hatte. Ohne Frage gewann erst durch die nachträgliche Änderung, die sich materiell geringfügig ausnimmt, der Schluß des Andante gleichsam seine Seele.

3. Satz: Menuetto. Allegretto 3/4

Die zusätzliche Tempobezeichnung, ein ‚kleines' Allegro mit tänzerisch-leichtem Einschlag, schreibt eine gewisse Beschleunigung des normalen Menuetts vor und nimmt dem Tanztypus die beschauliche Befindlichkeit. Dafür wird ihm der Stempel innerer Unrast aufgeprägt, die Abstand schafft zum vorgegebenen Tanzcharakter. Das Tempo wird somit in die kompositorische Konzeption einbezogen. Dabei mag offen bleiben, ob das „Allegretto" als nähere Bestimmung eines Menuetts einen mehr oder minder fixierten neuen Tempo-Typus anzeigt, oder den Interpreten nur darauf verweisen will, das Tempo (in gewissen Grenzen) nach Maßgabe der kompositorischen Physiognomie frei zu wählen. Immerhin ist bemerkenswert, daß die Menuette der letzten drei Sinfonien mit der Zusatzbezeichnung „Allegretto" versehen sind – nicht zuletzt ein Indiz für die innere Zusammengehörigkeit der Werke. Von den Menuetten früherer Sinfonien von Mozart weist nur ein einziges, das der Sinfonie in C-Dur KV 200/173^{e} (1773?), ein näher bestimmtes Tempo, ebenfalls „Allegretto", auf. In der Kammermusik indessen begegnet die Allegretto-Bezeichnung häufig. Dies allein spräche jedoch noch nicht für eine Fixierung des Tempos. Man möchte vermuten, daß der Interpret weniger zu einem bestimmten Tempo, als vielmehr zu einer Haltung innerer Aktivität und Aufmerksamkeit gegenüber der eingeschliffenen Menuett-Konvention angehalten werden soll. Die nuancierte Beschleunigung gegenüber dem normalen Menuett wäre, so gesehen, nur Mittel zum Zweck, jene Züge hervortreten zu lassen, die das einzelne Sinfonie-Menuett von allen anderen und von gewöhnlichen Tanz-Menuetten ohnehin unterscheiden. Von einer Stilisierung des Tanzes zu sprechen, wäre aber insofern irreführend, als der tänzerische Impuls nicht etwa zugunsten der kunstvollen Überformung gedämpft erscheint, sondern auf der Ebene des ausdrücklich Gestalteten umso schärfer zur Geltung kommt. Die Gebilde selbst und ihre Kombination sind es, denen tänzerische und choreographische Vorstellungen als anschauliche Gehalte einwohnen. Man vergegenwärtige sich die ohne ‚Bodenberührung' unaufgehalten abschwingende Drehbewegung der ersten beiden Takte, den Gegenstoß, der im dritten Takt vom Antritt des Basses ausgelöst, von den Violinen abgefedert wird und sich in der wieder vom Baß gestützten klingenden Endung des vierten fängt.

Zweimal vier, in harmonisch-metrischer Symmetrie und motivischer Entsprechung disponierte Takte bilden den ersten in sich gefestigten Abschnitt des Menuetts (Tafelbeispiele VII), wobei Festigung sich stets gegen die labilen Momente (Chromatik, parallele Dezim- bzw. Sextbewegung, z.T. Fehlen eines Baß-Fundaments) durchsetzt. Das viertaktige Gebilde, schon deshalb der Hauptgedanke, weil es der besonderen Drehbewegung des Menuetts plastische Gestalt verleiht, ist (wie bereits angedeutet) mehrschichtig und von komplexem Bau. Dies zeigt sich schon darin, daß die Violinen auf der einen, Hörner, Trompeten und Pauken mit den tiefen Streichern auf der anderen Seite getrennte Wege gehen, bzw. antagonistisch aufeinander bezogen sind. Die Elemente, die später auch für sich aktiv werden, sind folgende: der Halbe-Ansatz (α), der sich in einer teilweise chromatisch fallenden Linie fortsetzt (β), eine abfedernde Figur in Staccato-Achteln (γ) und eine ausschwingende Endung (δ), die den Rhythmus der Eröffnung aufnimmt, allerdings mit einem der klingenden Endung zukommenden verkürzten Viertel:

Beispiel 16

Im Eintritt der Hörner, Trompeten und Pauken bekundet sich die Eigenwertigkeit des Gegenimpulses (T. 3/4). Die motivische Gleichheit von Vorder- und Nachsatz (T. 1–8: 4+4) täuscht den Hörer leicht über das frappante Kunststück hinweg, daß im Nachsatz die nahezu exakte Umkehrung aller Stufen des Vordersatzes bewerkstelligt wird:

T. 1–4: I V / I V / I V I / I V
T. 5–8: (IV)I / V I / V VI V / V I

Was jeweils in den beiden Eingangstakten wie schlichte Melodie (V. I) mit Begleitung (V. II) anmutet, erweist sich bei näherer Betrachtung als ein subtiles, agiles Spiel mit dissonanten Durchgängen, die nicht zuletzt den labilen Charakter des Gangs konstituieren: die Töne fis'' und f'' als Doppelvorhalte zum e'', aber jeweils an verschiedener Position im Takt, verschieben die Parallelbewegung in Dezimen bzw. Sexten. Daß die Parallelbewegung (V. I/II) eine durchgehende ‚Achse' im Ton g (Quintton des Dreiklangs) besitzt, das Menuett über dem Terzton des Dreiklangs beginnt, gehört ebenfalls zu den wirkenden Momenten der Erfindung. Bemerkenswert weiterhin, daß die ‚Achse' g' (V. II) Vorder- und Nachsatz zusammenbindet. Es liegt in den exponierenden acht Takten somit diese Schichtung vor: chromatisch ‚gestörte' Parallelbewegung in Dezimen bzw. in Sexten (V. I, V. II), G-‚Achse' (V. II), Block der Hörner, Trompeten, Pauken und Bässe (+Va.).

Die folgenden, gleichfalls paarig angeordneten vier Takte (T. 9–12: 2+2 T.), mit denen das volle Orchester forte einfällt, bringen motivisch die willkürliche Kombination der Initial-Wendung (α) und der in Richtung und harmonischem Rhythmus veränderten Abfang-Figur (γ) (Tafelbeispiele VII). Man faßt diese vier Takte als Verkürzung des achttaktigen Eröffnungsabschnitts auf. Der wuchtige Pendelschlag der Stufen und die Komprimierung der Motive gebieten mit souveräner Gebärde Halt. Jetzt erst erscheint das Geschehen auf ein festes Fundament gestellt, der Baß mit der motivtragenden Stimme in Einklang gebracht. Trotzdem ist die Ambivalenz dieses stationären Blocks nicht zu überhören. Denn er bekräftigt nicht etwa I. und V. Stufe (C und G), sondern die V. Stufe (G) und deren Dominantstufe (D), obwohl vorher (T. 1–8) die C-Dur-Tonart in geschlossener Struktur exponiert worden war. Es handelt sich bei dem Forte-Block auch um einen Schritt auf ein neues Plateau (der G-Stufe), das im übrigen durch eine neue ‚Achse' d (siehe Fl., Ob., Hrn., außerdem Va. und Vc.) repräsentiert wird. Der zweimalige Wechsel zwischen G- und D-Stufe hält also das Geschehen in der Schwebe: die V. Stufe (G) mit ihrer Dominante (D) tritt insofern verfrüht ein, als der Durchbruch zur dominantischen Stufe G noch gar nicht erfolgt war, der eine Bestätigung der V. Stufe hätte motivieren können. Die letzten vier Takte des ersten Teils (T. 13–16), die erstmals keine Zweier-Gliederung zulassen, sondern kompakt gebaut sind, holen diese Motivierung nach, stellen die V. Stufe mit einer Kadenz her. Die Figur des Dreiachtel-Rhythmus löst die entscheidende Brechung dadurch aus, daß die ersten Violinen (T. 13/14) vom bisher höchsten erreichten Ton d^3 dreimal antretend den Schritt zur Obersekunde e^3 vollziehen. Erstmals beginnt ein motivischer Ansatz mit einem energischen Aufwärtsschritt. Die C-Stufe erscheint nun eindeutig als Subdominante innerhalb einer Kadenz nach G-Dur. Die zusammenfassend abgetreppte Kadenzwendung (V. I) potenziert gleichsam den Terzfall des Dominantseptakkords über D (T. 10 und T. 12). Mit diesem Kadenzvorgang, aus dem die chromatischen, labilen Elemente zugunsten des straffen, willenskräftigen Zugriffs eliminiert sind, und der überdies erstmals einen ‚starken' Schluß herbeiführt, schließt der erste Menuett-Teil. Seine Konstruktion ist dadurch gekennzeichnet, daß die Kadenz nur die Zusammenfassung der unmittelbar vorangegangenen vier Takte bildet, nicht etwa die der eröffnenden Periode (T. 1–8), die ohnedies Geschlossenheit aufweist. Es bedeutete daher nicht bloß eine Vergröberung, sondern eine Verfälschung des Sachverhalts, wollte man die 16 Takte des ersten Menuett-Teils als eine Periode aus zweimal acht Takten auffassen. Die eben skizzierte Interpretation erfährt ihre Bestätigung durch den ‚Reprisen'-Abschnitt des Menuetts (T. 44ff., dazu siehe unten).

Der zweite Teil des Menuetts besteht aus einem mehrgliedrigen durchführungsartigen Abschnitt (T. 17–43: 8 [2+2+4] + 3 + 12 [6x2] + 4 T.) und einer ‚Reprise' von wiederum 16 Takten (8+8). Der Mittelabschnitt (T. 17ff.) wird zunächst beherrscht durch die sequenzierende Abfolge des Kopfmotivs (α) in chromatisierend erweiterter Form, dessen dreimaliger Ansatz – jeweils im zweitaktigen Abstand, von d' ausgehend jeweils um eine Terz höher beginnend (d'–f'–a') und das dritte Mal weiter ausladend – jedoch auf die G-Stufe fixiert bleibt (Hrn., Trp., Pk.). Das Motiv erscheint allerdings wie aus den Angeln gehoben. Da die Einsätze den aufsteigenden d-Moll-Dreiklang durchschreiten (T. 17, T. 19, T. 21), ergeben sich zur G-Achse stets neue Beziehungen, die einer Verfestigung entgegenwirken. Ein Gegenmotiv der Violen überbrückt die Zäsuren der Gliederung. Aus labiler Chromatik und stabiler

Harmonie erwächst ein eigenartiger Spannungszustand, ein unentwegt chromatisch verflochtenes Strömen, das dennoch in Banden gehalten wird, keine zielgerichtete Fortschreitung entstehen läßt, bis ein mächtiges Forte-Unisono der Streicher und Hörner, das von allen Bläsern und den Pauken beantwortet wird, sich ausnehmend wie eine fanfarenhafte Einsprengung, ein Ende setzt und doch signalhaft Neues ankündigt (T. 25–27). An dieser Stelle wird manifest, daß auch die G-Harmonie ihre Qualität verändert hat: Sie ist nicht mehr eindeutig Dominant-Tonart wie am Schluß des ersten Teils (T. 16), sondern gerät in einen ambivalenten Zustand zwischen Tonika- und Dominantfunktion (wieder auf C bezogen). Der Unisono-Block besiegelt die Ambivalenz. Daher vermeint man nach diesen drei Takten, die wie ein Keil in den Satz getrieben sind, bei dem Wiedereintritt des erweiterten Kopfmotivs (a), obwohl es eindeutig in G-Dur ansetzt, die ‚Reprise', d. h. eine I. Stufe zu vernehmen (T. 28). Sogleich wird indessen der Hörer eines anderen belehrt: Denn nun spannt sich, in der Forte-Intensität verbleibend, der Bogen eines jeweils zweitaktig gegliederten imitatorischen Wechselspiels (T. 28ff.: V. I + Fl. + Ob. und Vc./B. + Fg.), dessen tänzerischer, raumausgreifender Charakter unverkennbar ist, erfaßt die C-, die F-, dann die (dominantische) D-Stufe, wieder die G-Stufe, bis sich schließlich alle Gruppen des Orchesters zur kraftvoll durchartikulierten Formung einer Kadenz in die Grundtonart vereinigen (T. 40–43). Es ist, wie wenn Tänzer, oder einzelne Gruppen von Tänzern ihrer drehenden Bewegung gänzlich hingegeben die Orientierung verlören (nicht von ungefähr bleibt die auffangende Figur [γ] und die Endung [δ] ausgespart) und dann doch in spontanem Einverständnis zur Gemeinsamkeit zurückfänden. An Hand dieser 16 Takte (T. 28–43) mag auch deutlich werden, daß die Tendenz zum Kontrapunkt (Imitation und dgl.) in den klassischen Menuett-Sätzen von choreographischen Vorstellungen bestimmt ist. An Kontrapunkt gemahnt auch die Tatsache, daß der Orchestersatz sich weitgehend in ein Geflecht von kontinuierlich geführten Stimmen verwandelt. Umso mehr fallen allerdings die blockhaften Einsätze der Hörner, Trompeten und Pauken aus dem stimmigen Gefüge heraus, stellen, stets in Verbindung mit den

Baßeinsätzen des Motivs, zuerst das C, dann (ohne Pauken!) das D, endlich das G als Eingang zur C-Kadenz fest und ziehen dem Satz das Rückgrat ein (T. 30–32, T. 34–36, T. 38–43).[12]

Eine derart entschiedene Kadenz nach C-Dur an dieser Stelle (T. 43) erscheint freilich verfrüht, da das Menuett noch nicht zuende ist. Der folgende Eintritt der Holzbläser (T. 44) wirkt schon deshalb, weil das Hauptmotiv (a) gleichsam entrückt im inaktiven Raum der Bläser erklingt, außerdem durch die Imitationen (Ob. II, Fg., Ob. I, Fl.) und die fast durchgängige Chromatisierung die metrischen und harmonischen Verhältnisse unüberschaubar werden, wie ein Epilog (Tafelbeispiele VIII). Zwar erfolgen die ersten beiden Einsätze mit dem Ton g wie zu Beginn des Menuetts, doch bleibt unklar, ob sie auf G oder C zu beziehen sind. Ebensowenig tritt im Ablauf der acht Takte umfassenden Bläserepisode eine Gliederung hervor. Allenfalls ließen sich die vier Takte nach dem letzten Einsatz des Hauptmotivs (T. 48, Fl.) rückwirkend als viertaktige Einheit hören. Die Bläserepisode ist der aktiven Zeitmessung entzogen. Auch weil die chromatische Tendenz des Hauptmotivs imitatorisch-kontrapunktisch verdichtet zur Geltung kommt, empfindet man sie als epilogische Quintessenz des Menuetts. In den beiden letzten Bläsertakten (T. 50–51) bahnt sich indessen eine Kadenz an, mit der C-Dur als Ziel angesteuert, die Qualität des Schwebenden also verlassen wird. Wenn nun statt des erwarteten Zielklangs der nach C-Dur versetzte achttaktige Schlußblock des ersten Menuett-Teils mit dem ganzen Gewicht des vollen Orchesters eintritt (T. 52), dann wird schlagartig klar, daß die Bläserepisode kein Epilog war, sondern die erste, für die acht Eröffnungstakte stehende Phase der Reprise des ersten Menuett-Teils. Die Situation aber ist neu: denn nun erscheint der kadenzierende Schlußblock als Resultat der Bläserkadenz und als Halt verleihendes Widerlager, somit engstens verklammert mit dem vorausgehenden Achttakter des imitatorisch eingefädelten Hauptmotivs. Was im ersten Teil des Menuetts eher parataktisch locker gefügt war, da die ersten acht Takte eine in sich geschlossene Struktur bildeten, bietet sich in den letzten 8 + 8 Takten als fest und zwingend verbundene Einheit. Die Bläser kündigen das Ereignis an.

Das *Trio* ist gegenüber dem Menuett aus der choreographisch-tänzerischen Perspektive seit jeher durch die Vorstellung solistischer Figuren bzw. der solistischen Tanzeinlage gekennzeichnet, was ursprünglich auch musikalisch durch reduzierte Instrumentalbesetzung (Bläsertrio!) zum Ausdruck kam. Durch die Wiederkehr des Haupttanzes wird die Eingliederung der solistischen ‚Tanzeinlage' in die gesamte Gruppe sinnfällig. Der Gegensatz, in dem das Trio zum Menuett steht, manifestiert sich außerdem durch eine gewisse Beschaulichkeit, die in klassischen Menuett-Trios häufig zur Annäherung an volkstümlich-ländlerartige Bildungen führte, ohne daß die kunstvolle Fügung sich je verleugnete.

Erwartungsgemäß beginnt das Trio aus der Jupitersinfonie in aufgelichtetem Orchestersatz und mit einem Dialog zwischen Bläsern und Streichern (Tafelbeispiele IX). Hinter dem leichten Wechselspiel verbirgt sich indessen ein komplexer Bau. Denn in Umkehrung eines normalen Verlaufs setzen die Bläser (Fl., Fg., Hrn.) mit einem Spannungsklang ein, dem Dominantseptakkord, der sich zur I. Stufe auflöst, als ob es sich nicht um einen Beginn, sondern um einen Abschluß handelte. In der Tat wirken die beiden Takte (T. 60–61), hört man sie unvoreingenommen, nach dem C-Dur-Schluß des Menuetts wie ein verkürzter Nachklang der vorausgehenden Kadenz. Erst die in tänzerischer Anmut und in auftaktiger Gegenbewegung eintretenden Streicher (+ Ob. I) geben den neuen, anhebenden Impuls, der jedoch durch den Wiedereintritt der endigenden Bläsertakte unterbrochen wird, bevor erneut der tänzelnde Achtelgang einsetzt. Er bildet mit dem ersten eine kleine viertaktige Periode, die innerhalb des achttaktigen Rahmens jeweils um die zwei Takte der Bläsereinwürfe versetzt erscheint. So entsteht jene geistesgegenwärtige Aktivität, die sich als Wirkung unmittelbar mitteilt, ohne in ihrer Konstruktion leicht durchschaubar zu sein. Es kommt ein metrisches Verwirrspiel hinzu: Das Trio beginnt nämlich nicht mit einem ‚schweren' Takt, sondern mit einem metrisch ‚leichten'. Die irreguläre Harmoniefolge (DT) der beiden eröffnenden Bläsertakte, die zugleich den normalen metrischen Ablauf (schwerer Takt / leichter Takt) umdreht, wird im zweiten Trio-Teil mit Emphase und verschärft festgehalten. Es ist nicht so sehr das nach der feingegliederten Grazie des ersten Teils plötzlich einfallende volle Orchester und die hämmernden Gegenrhythmen in den Hörnern, den Trompeten und im Unterbau der Streicher (V. II, Va., Vc./B.), als die metrisch-harmonische Verkehrung, die den bis zum Zerreißen gespannten Charakter des Neuansatzes im zweiten Teil bewirkt. Förmlich aufschreckend ist nach dem C-Dur-Schluß (T. 67) der schneidend einsetzende Dominantseptakkord der VI. Stufe (a-Moll). Das sprengende Potential, das in der besagten Verkehrung beschlossen war, kommt hier zum Durchbruch (T. 68 ff.). Das D-T-Modell der ersten beiden Trio-Takte bildet nun die Basis der Fortschreitung. Allerdings bleibt sie zunächst im Kreis der parallelen Moll-Tonart und deren V. Stufe gefangen (T. 68–73). Dies trägt ebenso zur Gespanntheit des Fortgangs bei wie der auf der V. Stufe (E) gleichsam festgebannte Baß (+ Hrn./Trp.). Es ist bemerkenswert, daß gerade an dieser wie aussichtslos kreisenden Stelle sich in der nachdrücklich und gleichermaßen kraftvoll wie verzweifelt skandierten Linie der Oberstimme (V. I, Fl.) erstmals die Umrisse des Hauptthemas aus dem Finale abzeichnen (T. 68–71), doch (dies festzuhalten ist wichtiger, als die vordergründige Ähnlichkeit in der motivischen Substanz) in einer instabilen, verqueren und insofern noch unfertigen Form. Die durch die Aufeinanderfolge von V^7 – I - (bzw. V^V – V -) Schritten entstehende Verspannung löst sich in fünf Piano- und Legato-Takten (T. 75–79), in denen von der V. Stufe (E) aus ein widerstandsloses Abfallen in Quintschritten stattfindet, das den zu Beginn des Trios so seltsam in der Luft hängenden D^7-Akkord von C-Dur (Bläser), mit dem die Wiederaufnahme des ersten Trio-Teils beginnt (T. 80 ff.), gewissermaßen automatisch nach sich zieht (T. 75 ff.: E – H^7 – E – A^7 – D – G^7 – C etc.). Hier wird auch explicite die Qualität des ersten Taktes als metrisch leichter Takt nachträglich bestätigt.

Nimmt man eine durchgehend ‚verkehrte' Ordnung an (die Folge von ‚leichtem' und ‚schwerem' Takt), dann erklärt sich der Impuls des Stillstands, der das Trio durchwirkt. Denn in der metrischen Einheit von Leicht / Schwer (harmonisch: D / T) besitzt der schwere Takt stets die Tendenz zu schließen.

4. Satz: Molto Allegro ¢

Es gibt außer der Fünften und Neunten Sinfonie von Beethoven kein Werk der Wiener Klassiker, in dem die zielgerichtete Konzeption in der Konstruktion musikalischer Sätze sich derart deutlich auch im sinfonischen Zyklus offenbart wie in der Jupiter-Sinfonie. Das Finale zog als ein Gipfelpunkt der sinfonischen Klassik und der Kompositionskunst im allgemeinen stets höchste Bewunderung auf sich. Bald nach 1800 nannte man die Sinfonie in rühmendem Ton die „klassische Mozartsche aus C dur mit der Schlußfuge" [AMZ, Jg. 10, 1808, Sp. 495]. Insbesondere das Finale wurde zur Signatur des ganzen Werks. Das Aufgebot satztechnischer „Künste", worunter man zu Mozarts Zeit und weiterhin die kontrapunktischen verstand, weil in solchen Verfahren die ehrwürdige und sanktionierte Tradition musikalischer Satzkunst für jedermann erkennbar weiterlebte, ist im übrigen ein sicheres Indiz dafür, daß Mozart das Finale ausdrücklich als krönenden Abschluß der Sinfonie vorsah. Daß es sein letzter Sinfoniesatz sein würde, konnte er damals nicht ahnen.

Anregung zu einem im Sinfonie-Zyklus kulminierenden Finale hätte Mozart allenfalls in einigen Sinfonien von Haydn empfangen können, falls man die kontrapunktische Prägung der Finalsätze in den Sinfonien Nr. 3 (um 1760), Nr. 40 (1763; mit „Finale. Fuga") und Nr. 70 (1779) im Sinne einer Auszeichnung des letzten Satzes interpretieren darf. In Mozarts früheren Sinfonien stehen die Ecksätze, so sehr sie sich in ihrem Charakter unterscheiden, hinsichtlich ihrer Gewichtung entweder in einem ausgewogenen Verhältnis zueinander, oder (in den Sinfonien vor 1781 der Regelfall) das Finale wiegt eindeutig leichter als der Kopfsatz. Damit folgte er, ebenso wie Haydn in seinen frühen Sinfonien, der vorgefundenen Tradition. Allerdings machte sich bei Haydn sehr bald, bei Mozart ebenfalls gelegentlich schon in Jugendkompositionen, die Tendenz bemerkbar, das Finale aus seiner untergeordneten Stellung als kurzer, tänzerisch geprägter Kehraus herauszuheben und es als den Widerpart des Kopfsatzes aufzufassen. Es lag nahe, daß sich die finalorientierte Bauweise in der Musik der Wiener Klassiker auch auf die Anlage eines Satzzyklus auswirkte.

Das Finale der Jupiter-Sinfonie ist freilich, so wie es vorliegt, nicht das zwangsläufige Ergebnis eines kompositionsgeschichtlichen Prozesses, sondern eine freie Setzung des schöpferischen Subjekts, die nur in der Rückschau folgerichtig anmutet. Manche Finalsätze in Haydns Sinfonien nach 1791 (z.B. die Sinfonie Nr. 103 in Es-Dur von 1795) und bei Beethoven sind indessen ohne das Finale der Jupiter-Sinfonie, das sich als Inbegriff eines die Summe ziehenden Finalsatzes darstellte, kaum denkbar. In der Tat ist es mit dem Signum sowohl des Außergewöhnlichen, als auch des Exemplarischen, Endgültigen und in seinem Kunstcharakter nicht Übersteigbaren, des Non-plus-ultra versehen. Es gibt vielleicht, sieht man von einigen Beethovenschen Sätzen ab, kein sinfonisches Finale in der Musik der Wiener Klassiker, in dem die Vorstellung der Zusammenfassung aller Möglichkeiten der musikalischen Kunst, somit die der Versammlung und der Schluß-Setzung derart ausdrücklich und durchschlagend zur Geltung kommt – und zwar nicht zuletzt auch in der Anwendung kontrapunktischer Verfahren (um mit Beethoven zu sprechen) „con alcune licenze". Die alte Klassifizierung als „Schlußfuge" ist jedoch eher metaphorisch zu verstehen, bzw. als ein totum pro parte. Denn Mozarts Finale ist weder eine Fuge, noch das „Musterbeispiel einer freien Quintupelfuge" (Simon Sechter). Daß der Satz am ehesten der kontrapunktischen Analyse Handhabe bot, bezeichnet weniger die Situation des Werks als die Gespaltenheit der musikalischen Lehrdisziplinen, die sich schon im frühen 19. Jahrhundert anbahnte. Um sich dem Finale der Jupiter-Sinfonie begreifend zu nähern, sollte man sich allerdings auch frei machen von der unfruchtbaren, die festgefahrene Nomenklatur der Musiktheorie unbesehen applizierenden Fragestellung, ob und in welcher Weise eine Kontamination der „Fuge" mit dem „Sonatensatz" vorläge. Umso berechtigter aber dürfte es sein, dem Spannungsverhältnis zwischen Konstruktion (musikalischer Satz) und kontrapunktischem Verfahren nachzugehen (siehe den Schlußabschnitt der vorliegenden Monographie).

Das Finale, dessen Tempobezeichnung ursprünglich nur „Allegro" lautete (den Zusatz „Molto" hat Mozart, wie aus dem Autograph ersichtlich ist, nachgetragen), besteht aus zwei Teilen, von denen der erste exponierend ist, der zweite Durchführung und Wiederaufnahme enthält, und einem ungewöhnlich ausgedehnten Coda-Teil, der, wohl nicht zufällig, genau so viele Takte umfaßt wie die Durchführung (nämlich 67), damit jeweils weniger als halb so umfangreich ist wie Exposition und Reprise, und in einer Art zweiter Durchführung das kontrapunktische Element besonders hervorkehrt. Im Unterschied zum ersten Satz und in erklärtem Widerspruch zur Gattung „Fuge" schrieb Mozart für beide Hauptteile Wiederholung vor. Damit werden Tanzvorstellungen evoziert. Sie verweisen wiederum auf eine Architektur, die sich mit der Idee des Kontrapunkts und der Fuge schwerlich in Einklang bringen läßt.

Mit 424 komponierten Takten übertrifft das Finale an Umfang den ersten Satz um über 100 Takte. Nimmt man aber zwischen erstem und letztem Satz eine Temporelation von Viertel gleich Halbe an, wie sie auch die Alla-breve-Vorzeichnung im Finale nahelegt, somit etwa gleichbleibende Schlagzeit unter Verdopplung der Werte, so daß ein Takt im Finale die Dauer eines halben im Kopfsatz besitzt, dann ist trotz der Wiederholungen das Finale um weniges kürzer als der erste Satz, läuft daher den Erwartungen, die das damalige Publikum an ein Finale knüpfte, keineswegs strikt entgegen. Auch lag es Mozart offensichtlich gänzlich fern, gegen die Tradition das motivisch-thematische Geschehen der vorausgehenden Sätze in vordergründiger Manier von dem devisenartigen Hauptthema des Finales (V. I, T. 1–4) abzuleiten.[13]

Mit Mozarts Konzeption des Finales hängt gewiß zusammen, daß die berühmte viertönig-viertaktige *Devise*, das zentrale Gebilde des Satzes, den Charakter des objektiv Gegebenen, des Allgemeinen, noch nicht bzw. (richtiger) nicht mehr Individuierten besitzt: Vier Ganze-Noten ohne rhythmische Konturen und ohne melodisch differenzierte Physiognomie (Tafelbeispiele X, T. 1–4). Die Devise ist markant, ohne individuell zu sein. Sie verkörpert in ihrer Allerweltsformulierung den überpersönlichen ‚Gemeinplatz' und ebenso wie die überpersönliche Ordnung des kontrapunktischen Verfahrens ein unanfechtbar Gesetzliches. Insofern steht sie in der Tat ideell einem cantus firmus nahe. Die blitzartige Öffnung zum Allgemeinen, zum Versammelnden ist zweifellos ein ingeniöser Ansatzpunkt für einen Finalsatz. Hinzu kommt, daß in der Devise die harmonisch fundamentalen Stufen auf den melodischen Allgemeinbegriff gebracht erscheinen (I – IV[bzw. V] – V – I). Das exemplarische Modell einer geschlossenen Struktur (I – V V – I), das in jeweils verschiedener Formung jeden der vorausgegangenen Sätze eröffnete, nimmt nun motivische Gestalt an. Besonders eng ist die Beziehung zum Beginn des Kopfsatzes, der gleichfalls Elemente mit dem Siegel des Allgemeinen statuiert.

Für unsere Deutung spricht, daß die formelhafte Devise verschiedentlich in früheren Kompositionen Mozarts begegnet: beispielsweise als Credo-Thema in der F-Dur-Messe KV 192/186^{f} (1774), im Sanctus der Messe KV 257, sowie in anderen Kirchenkompositionen (KV 193/186^{g}, KV 321, 1. Satz), außerdem in den Sinfonien KV 16 (Andante), KV 319 (1. Satz) und in der Violinsonate KV 481 (1. Satz), wobei in den erwähnten Instrumentalkompositionen das Thema nur episodisch eintritt.[14] Aufschlußreich aber für seinen Vorstellungsgehalt dürfte sein, daß es einen der Cantus firmi in dem grundlegenden Kontrapunktlehrbuch des 18. Jahrhunderts, dem *Gradus ad Parnassum* (1725) von J.J. Fux, bildete. Es steht hier übrigens ebenfalls in C und ist mit einer Fortsetzung versehen, die für die im Finale an die Devise anschließenden motivischen Gebilde von Belang gewesen sein könnte:

Beispiel 17

Es bedarf kaum des Hinweises auf die Anfänge einiger gregorianischer Melodien (z.B. das Gloria der Missa IV [in festis Duplicibus I]), die den charakteristischen Sekund-Terz-Anstieg zeigen, um der Devise die Aura eines cantus firmus zuzuschreiben, dem sich nicht zuletzt durch die C-Dur-Tonart das Ethos des Fundamentalen verbindet.

Besonders nahe aber steht der Devise im Finale ohne Frage der Credo-Beginn in der genannten Missa brevis KV 192/186^{f}, wo die antagonistische Kombination von abtaktiger Devise und auftaktigem Neuansatz begegnet:

Beispiel 18

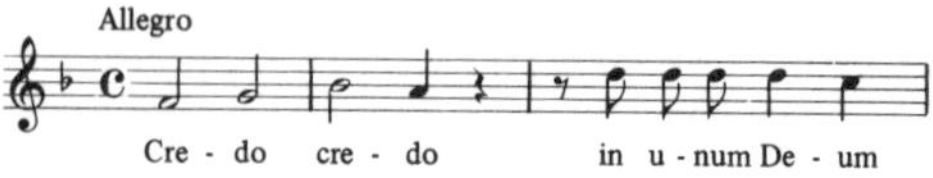

Außer mit dem wiederkehrenden „Credo" erscheint die Formel noch als Thema des Crucifixus, als Thema der Fuge „Et vitam venturi saeculi" und als „Amen"-Thema. Ob die Final-Devise der Jupiter-Sinfonie tonsymbolisch auf die genannten Aussagen Bezug nimmt, was keineswegs ausgeschlossen ist, mag offen bleiben.

Den, soweit bisher bekannt, einzigen Instrumentalsatz, in dem die Devise als Hauptthema benutzt wird, das Finale der Sinfonie Nr. 13 (1763) in D-Dur von Haydn, dürfte Mozart nicht gekannt haben. Bemerkenswert ist nicht nur, daß Haydn das Vierton-Thema für ein Finale aufgriff, sondern daß der Satz bereits in der Exponierung des Themas kontrapunktische Züge aufweist:

Beispiel 19

Die Devise in Mozarts Finale als dessen ‚Thema' (oder ‚Hauptthema') zu bezeichnen, ist indessen unzutreffend. Denn sie ist (allerdings hervorgehobener) Bestandteil eines größeren, geschlossenen Zusammenhangs von 19 Takten, der insgesamt thematische Qualität hat und die vielgestaltige ‚Thesis' des Finales darstellt

(Tafelbeispiele X: 4+4+4+3+4 Takte). Jeder der beiden Abschnitte (T. 1–8 und T. 9–19), von denen sich der erste zur V. Stufe öffnet, der zweite wieder die I. Stufe herbeiführt, ist antagonistisch aufgebaut und besteht aus der monadenhaft anmutenden Devise und einem energisch auftaktigen Neuansatz (T. 5 ff.), der den Impuls zur Weiterführung durch motivisch ausdrücklich geformte Substanz gibt. Gegen das Allgemeine (der Devise) kommt der Zugriff des Besonderen zur Geltung. Was sich aber in der Überschau als Periode mit Vordersatz (I → V) und irregulär erweitertem Nachsatz (I → I) darstellt, erweist sich als eine in ständig neuem, willkürlichem Zugriff hergestellte, nicht etwa als präformiert zu denkende Einheit.

Die Devise wird zunächst als das exponiert, was sie ist: als ein gewichtslos schwebendes Gebilde auf den Flügeln einer flüchtigen, gleichmäßigen Achtel-Bewegung (V. II) ohne Fundamentierung und Pulsschlag des Basses. (Die orchestrale Disposition des Menuett-Beginns wird im übrigen hier wiederaufgenommen.) Die Achtel-Bewegung, die als Kontinuum (bis T. 8) beibehalten wird, ist gleichfalls ein ‚thematisches' Element. Sie repräsentiert in den ersten vier Takten das Molto-Allegro-Tempo. Der schwebende Charakter der Devise ergibt sich nicht zuletzt durch die ‚Aufhebung' des Kadenzablaufs in der VI. Stufe (T. 4). Umso markanter die Extrapolierung der IV. Stufe (T. 5), der Eintritt der Bässe und Violen, und vor allem der willensdiktierte Dreiviertel-Auftakt und die wache, bewegliche Motivik, die in jedem der anschließenden Takte ihre Physiognomie ändert und in unvermittelter harmonischer Raffung (T. 7) die Öffnung zur V. Stufe bewirkt. Die Unterstimmen nehmen in der Art einer Imitation die letzten zwei Takte der Devise auf, führen ihre Bewegungstendenz in gleicher Richtung weiter (nach d und c), bis die auffangende Brechung durch den Quartfall nach G ein Ende setzt. Drehende Achtelfiguren der ersten Violinen überbrücken (T. 8).

In monumentaler, akzentuierter Form (forte, Oktaven-Unisono der Violinen I und II) und nunmehr verbunden mit dem fundamentalen T – D – D – T -Modell (Trompeten, Pauken, Hörner!) tritt die Devise erneut und Aufmerksamkeit heischend auf, wird jedoch diesmal auch stärksten Spannungen durch die sich mächtig ihr entgegenstemmenden Synkopen-Dissonanzen ausgesetzt, die im Verhältnis zu den Holzbläsereinsätzen entstehen, und durch die auftaktig und gegen die Gliederung der Devise angehenden Einwürfe der Bässe und Violen (T. 9 – 12). Schlagartig wird die glatte, fließende Fügung der ersten vier Takte, die sich nicht zuletzt in der durchgehenden Achtelbewegung manifestierte, zerbrochen, und ein unüberhörbares Zeichen dafür gesetzt, daß die Ereignisse nicht haltmachen vor dem ‚unantastbar' Gegebenen des cantus-firmus-artigen Gebildes, und daß die Devise im Satzgeschehen sich zu bewähren hat. Nach dem tänzerisch beschwingten Eröffnungsabschnitt (T. 1 – 8) wirkt die so frühzeitig eintretende Erschütterung des Gebildes gewaltsam, konsternierend und alles andere als motiviert. Bemerkenswert, daß die Gegenimpulse der Bässe (+ Violen) über die monadenhafte Viertaktigkeit hinausgreifen. Schlagartig erfolgt eine Aufspaltung des orchestralen Satzes, der sich vorher in einander ergänzenden Schichten, gleichsam in guter Ordnung präsentierte: Nun treten die (vier!) Schichten des Orchesters gegeneinander an (1. V. I+II; 2. Vc. / B.+Va.; 3. Hrn., Trp., Pk.; 4. Fl., Ob., Fg.). Es entsteht ein sperriges Gefüge. Die unmittelbar (analog zu T. 5) folgende Zusammenfassung des gesamten Orchesters im Dreiviertel-Auftakt erscheint als eine nicht weniger gewaltsame, im Augenblick eingegebene Ballung, die mit vorher ungeahnter Energie aus der gestauten IV. Stufe (vgl. T. 5 – 6 mit T. 13 – 14) die Kadenz zur I. Stufe in doppeltem Ansatz herbeizwingt (T. 13 – 19: 3+4 Takte). Erst jetzt ist C-Dur wirklich befestigt. Es handelt sich nicht um eine ‚Erweiterung', sondern um einen Neuaufbau des Geschehens entsprechend dem neuen Ziel, aber mit z. T. gleichen motivischen Gestalten. Nichts könnte deutlicher machen als der Eröffnungskomplex dieses Finales, daß nicht die präformierte Disposition (etwa einer „Periode") die Zusammenhang stiftende Instanz ist, der sich die Gebilde unterordnen, daß sich vielmehr die großräumige Einheit durch die Eigenbewegung und die eigenwillig-willkürliche Formung der Gebilde konstituiert. Hierin liegt die Ereignishaftigkeit der Wiener klassischen Musik begründet. Der frei und tänzerisch ausschwingende, abrundende Viertakter des ersten Abschnitts (T. 5 – 8) wird ersetzt durch zwei kompakt gebaute, zielstrebige

Kadenzangänge, die jeweils drei Takte umfassen. Im Sinne der Neukonstitution des Geschehens (T. 14ff.) ändert sich – umso wirksamer nach der vorhergehenden Aufspaltung – die orchestrale Disposition: Auf allen Ebenen konzentriert sich der Vorgang auf die hämmernden Viertel des ‚langen' Auftakts, die hier nun ihre ganze Macht entfalten.

Der abschließende Tonika-Takt (T. 19) ist unter dem Gesichtspunkt der Konstruktion als ein erster Takt einer ebenfalls kompakt dreitaktigen, die Tonika bekräftigenden, dreimal triumphal aufsteigenden C-Dur-Fanfare zu verstehen (Hrn., dann Ob.+Fg., danach Hrn.+Trp.). Die Dreiereinheit erscheint zu 3x3 Takten potenziert (T. 19–27: 3+3+3). Zusammen mit der Fanfare, aber in auftaktiger Gegenbewegung und metrisch um einen Takt verschoben, wird ein neues Gebilde eingeführt, das während des ganzen Satzes die Funktion besitzt, eine erreichte Position zu behaupten (Tafelbeispiele XI). Es erscheint weder als ‚Monade' wie die Devise, lenkt auch nicht in eine neue Richtung wie das zupackende Motiv mit dem Dreiviertel-Auftakt, sondern verleiht Festigkeit. Die signalartig punktierte Auftakt-Figur und die anschließende Fallbewegung, in der auch die Achtelgänge motivisches Gepräge annehmen, haben abrundenden Charakter, der durch die im motivisch Allgemeinen verharrende aufsteigende Bläserfanfare sein Widerlager findet. Der dreimal aufsteigende C-Dur-Dreiklang bildet das Gerüst, der dreimalige diatonische Fall des ‚Signal'-Motivs greift stets ins neue Glied über. Dem Hörer ist es aufgegeben, die ‚gegenständige' Bewegung in der Gleichzeitigkeit nachzuvollziehen.

In den folgenden auffangenden Zweitaktgruppen (T. 28–35), in denen die schwirrende Achtelfiguration das Geschehen weitertreibt, finden ähnlich wie an der entsprechenden Stelle des ersten Satzes (T. 17–18) Umschlag und Öffnung zur V. Stufe statt.[15] Die Generalpause nach dem kraftvollen Abschluß in G, der jedoch ohne Kadenzierung erreicht wurde, also nicht etwa die Wendung nach G-Dur (Dominante) vollzieht, gibt den C-Dur-Raum erneut, und diesmal ausdrücklich, frei. So tritt nun die Devise aus ihrer metrisch-kadenziellen Bindung entlassen auf. Befreiung signalisiert das polyphone Geflecht, das sich nun anspinnt (fünfstimmige 'Fugenexposition' T. 36–52). Es ist der erste Ansatz, über die Monadenhaftigkeit der Devise hinwegzukommen:

Beispiel 20

Andererseits erscheint die Devise nun ausdrücklich in die Welt versetzt, aus der sie offensichtlich stammt, nämlich aus der des Kontrapunkts und der Polyphonie. Es ist somit an und für sich einleuchtend, daß in dem Augenblick, in dem sich die Gelegenheit zur Verselbständigung der Devise bietet – was eben hier, nach Errichtung des Grundbaus der Fall ist –, der Kontrapunkt und sein Inbegriff, das Fugenverfahren, auf den Plan treten. Die polyphone Struktur wird noch dadurch unterstrichen, daß sich am stimmigen Gewebe nur die Streicher beteiligen, die Schichtung des Orchesters vorübergehend einem homogenen Geflecht von Stimmen weicht, und daß das Prinzip der metrischen Subordinierung durch die Themen-Einsätze im Wechsel von drei und vier Takten außer Kraft gesetzt wird – nicht allerdings das metrische Regulativ des eigenmächtig zeitgliedernden Taktes.

Erst mit dem sechsten Einsatz der Devise in den mit Flöte und Oboe verdoppelten Violinen fällt wieder das volle Orchester ein, einerseits die kontrapunktische Entwicklung entschieden abschließend, andererseits neu ansetzend (T. 53 ff.). Der Endigungstakt der Devise aber wird nicht gleichsam überbrückt wie in der Fugato-Partie; vielmehr sorgt ein neu hereinplatzendes, dynamisch forttreibendes Motiv für eine ausdrückliche erneute Öffnung, harmonisch zur wechseldominantischen Stufe (D):

Beispiel 21

Das lebhaft aufspringende, nicht von ungefähr vom energischen Dreiviertel-Auftakt angestoßene Motiv entfaltet seine Eigendynamik, indem es in einen Dialog mit sich selbst gerät, dabei aber wieder einschwenkt in das zweitaktige Metrum und den Vorgang ins Gleichgewicht bringt (T. 56–61: 2+2+2 T.). Ein keilartig eingefügter, kompakter Dreitakter (T. 62–64) setzt dem Vorgang ein Ende. Als Element der Bekräftigung meldet sich in metrisch gegeneinander verschobenen Einsätzen und in dreitaktigen und demzufolge aufhaltenden Gliedern das signalartige Fall-Motiv (T. 65–73: 3+3+3). Erstmals erscheint es in auf- und abtaktiger Form. Wirbelnde, auflaufende Achtelgänge fangen die Bewegung ab und führen, analog dem Halt auf der V. Stufe (T. 35), nun den Stillstand auf der Wechseldominante herbei – eine Öffnung höheren Grades. (Verdichtung und Dynamisierung der Bewegungskomponente führen zur Zurücknahme motivischer Konturen.) Der Dominantseptakkord der Dominante zieht so unausweichlich das Dominant-Plateau als eine Ruhephase des Geschehens nach sich, daß sich motivisch ganz und gar Neues ereignen kann. Aus der erreichten Gegenposition zu den ‚herstellenden' Abschnitten der Exposition vermag beschauliche Geschlossenheit zur Geltung zu kommen. Es geht nicht mehr um die Setzung einer in antagonistischen Gebilden sich zielstrebig ausformenden Architektur, harmonisch um Festlegung der Grundtonart und um die weiterführende Öffnung, als vielmehr um die Behauptung eines zunächst im Unangefochtenen angesiedelten freien Standpunkts, sodann aber um die zwingende Befestigung der neu gewonnenen Ebene durch mannigfaltig aufgetürmte Kadenzierungen, die sich zwar motivisch, aber nicht harmonisch auf den ersten Abschnitt beziehen. (Die Kadenzierungen erfolgen in der Dominanttonart G.)

Im neuen thematischen Gebilde, mit dem sich die Dominanttonart etabliert (T. 74ff.) und das die Funktion eines ‚zweiten Themas' hat, sind alle Spannungen des Vorangegangenen gewichen (Tafelbeispiele XII). Spielerisch und abrundend werden das signalartige Fallmotiv (Fl.) und das energische Aufsprungs-Motiv (Fg. I/II) aufgenommen, aus ihrem ursprünglichen Zusammenhang gleichsam befreit. Unerhört souverän bekunden sich Kombinationskunst und

-phantasie. Betrachtet man aber diese scheinbar so leicht hingeworfenen sechs (4+2) Takte (T. 74–79) genauer, so zeigt sich eine schier unfaßbare Vielfalt der rhythmisch-melodischen Bewegungsimpulse und eine alle Elemente umfassende Konstruktion, in der das Spiel der sich vergrößernden, im Sprung oder im diatonischen Gang erreichten Intervalle (Terz, Quart, [kleine Septime], kleine Sext) durch die melodisch-rhythmisch artikulierte Oktave (Fl.) eingefangen wird. Die Wiederaufnahme des sechstaktigen Komplexes (T. 80ff.) unterstreicht, wiewohl er wie schon vorher (T. 80) harmonisch offen endet (V. Stufe), zwar den zuständlichen Charakter der Stelle, gibt sich aber durch die chromatisch veränderte Führung des Basses doch als zielgerichteter Vorgang zu erkennen. Als Ziel erweisen sich acht zweitaktig gegliederte Takte auf orgelpunktartig ausfigurierter V. Stufe (D), in denen das Aufsprungs-Motiv (siehe Beispiel 21) seines Eigenwillens beraubt dialogisch (Fl. und Fg.) einbezogen wird (T. 86–93). Was motivisch eher einem begleitenden Epilog gleichkommt, ist strukturell eine blockhafte Aufstauung der Energien auf der „Paenultima" vor dem Eintreten der I. Stufe (G). Im retardierenden harmonischen Stillstand wird zugleich der Bogen erneut gespannt. Das durchwegs festgehaltene piano verstärkt die ‚sprungbereite' Gespanntheit, ist also durchaus tektonisch wirksam. Das mächtig einfallende Forte (T. 94) signalisiert energischen Neuansatz, erscheint nicht nur als das harmonisch folgerichtige Resultat des Dominant-‚Orgelpunktes'. Es beginnt eine neue stürmische Entwicklung (ein ‚Gang'), die auf der Herauslösung und kontrapunktischen Bearbeitung der Hauptmotive aus dem ‚zweiten Thema' beruht. Zunächst erscheint im Dialog zwischen ersten Violinen und Bässen das markante Terz-Quart-Motiv (Tafelbeispiele XII, a) zusammen mit einem Achtelkontrapunkt in kanonischer Verzahnung (Kanon in der Unterquint, T. 94–98). Der begleitende Achtelkontrapunkt (V. II, Va.) läßt sich entsprechend kanonisch an. Sodann kommt es zu einer Verdichtung der Ereignisse: die Einsätze des nunmehr vollständigen Gebildes (Tafelbeispiele XII, a + b + c) folgen in halbtaktigem Abstand aufeinander, wobei die Violinen und die Violen mit den Bässen zwei um einen Takt gegeneinander versetzte Kanonpaare in Oktaven bilden, und die Kanonpaare in ihrem Verhältnis zueinander den Unterquintkanon weiterführen (T. 99–109):

Beispiel 22

Die feste Fügung, die vor allem aus metrischen Korrespondenzen, aber auch aus motivischen Entsprechungen hervorgeht (T. 74ff.: 4 + 2 + 4 + 2 + 8[2+2+2+2]), wird ähnlich wie an der ersten Fugato-Episode (T. 36ff.) durch das kontrapunktische Kanon-Verfahren aus den Angeln gehoben. Dies geschieht jedoch, ohne daß die motivischen Gebilde durch das harmonische Geschehen (‚Gang') aus ihrem kadenztektonischen und metrischen Zusammenhang gerissen würden. Der harmonische Fortgang zeigt nämlich eine bemerkenswerte Konstanz. (Von T. 94 bis 104 wird in gleicher Abfolge viermal das Gerüst G – C – D, d.h. I – IV – V, mit Nebenklängen a, e und h, durchmessen. Erst T. 105 findet ein Umschlag nach H statt, der Harmonien in fallenden Quinten nach sich zieht [H → e → a → d → G → C], und von der IV. Stufe C aus wiederum die V. Stufe D herbeizwingt.) Mozart bedient sich des Kontrapunkts als einer besonderen Form ‚motivischer Arbeit', die es erlaubt, Durchführungselemente frei einzuführen, d.h. ohne funktionale Bindung an weiter ausgreifende Gänge wie sie Durchführungs-Teilen eigentümlich sind. Die motivischen Gebilde treten in ein dialektisches Verhältnis zum kontrapunktischen Verfahren insofern, als sie aus ihrer angestammten Architektur befreit werden durch Einbindung in strenge Kontrapunktik. Nicht zuletzt darin gründet die durchaus neue Qualität der nur scheinbar retrospektiven Wiedereinführung polyphoner Techniken.

Wegen der sich überlappenden Einsätze ist es in der Tat schwierig, eine metrisch klare Gliederung durchzuhören. Am ehesten könnte ein latentes Zweitaktmetrum angenommen werden (T. 94–T. 109), das allerdings mit der harmonischen Folge nicht übereingeht. Um eine Kongruenz zwischen metrischer Gruppierung und Harmonie herzustellen (I – IV – V), hätte man (ab T. 94) die Gliederung 3 + 2 + 3 + 3 zu erwägen. Danach freilich entfallen die harmonischen Anhaltspunkte für die Taktgruppierung.

Bemerkenswert ist weiterhin, daß das Gebilde nicht seine Gestalt, aber seinen Charakter verändert, sobald es in die kontrapunktische Verflechtung hineingezogen wird. Es verliert seine fließende, leichte Geschmeidigkeit (legato, piano) und nimmt ein energisch stoßendes Wesen an (staccato, forte).[16]

Die kontrapunktischen Ballungen münden in rollende Achtelgänge aus (T. 110–114), in denen mit der Verselbständigung der sequenzierenden Fallfigur (Tafelbeispiele XII, b) der stürmische Bewegungsimpuls sich durchsetzt, der motivische Aspekt gegenüber dem figurativen (und architektonischen) in den Hintergrund tritt, so daß sich nun in 2+3 Takten ruckartig die Kadenz zur Dominanttonart G ein zweites Mal (nach dem ‚Orgelpunkt' T. 86–93) schürzt. In diesen gewaltsam sammelnden Takten übernehmen die Bläser, die während der vorangehenden imitatorisch-kanonischen Verdichtungen das Initialmotiv mit Nachdruck versahen, die Aufgabe durchgehender Verdopplung (Fl., Fg.) und die der metrischen Akzentuierung (Hrn., Trp., Pk. + Ob.). Der metrische Zusammenhalt erscheint unvermittelt wiederhergestellt – zu unvermittelt, als daß eine endgültige Kadenzierung zu erwarten wäre. Mit der beschriebenen Zusammenfassung sind zugleich die Möglichkeiten des ‚zweiten Themas' offensichtlich erschöpft. Und auf der I. Stufe (G) fängt das zupackende Dreiviertel-Auftaktmotiv die Bewegung auf (T. 115 ff.) und vollzieht zugleich die Rückbindung an den ersten Abschnitt der Exposition (T. 5 ff.), in dem ja durch den Eingriff mit ebendemselben Motiv der Satz ausdrücklich in Gang gesetzt wurde. Hier leitet es die entscheidende Wendung zur großangelegten

Kadenzierungsphase der Exposition ein. Nach dreimaligem Ansatz auf den Stufen des G-Dur-Dreiklangs konstituiert sich die Kadenz durch Komprimierung des zupackenden Motivs (T. 115–122):

Beispiel 23

Was sich wie eine verkürzte Wiederaufnahme des Vorgangs, nunmehr in den führenden Bässen, anläßt (T. 123ff.), zeitigt eine Brechung durch das unvermutet eintretende Es der Bässe (T. 127). Die an dieser Stelle erwartete IV. Stufe (C) wird umgebogen in den Sextakkord ihrer Mollvariante (c). Vier wie ein Keil eingefügte und mit Sforzato-Intensität kulminierende Takte (T. 128–131) verrücken vorübergehend die kadenzielle Perspektive, begründen jedoch einen erneuten, aber weiter ausholenden Kadenzvorgang (T. 132–135), der allerdings zu knapp formuliert ist, um wirklich schlußfähig zu sein. Das bestätigende signalartige Motiv (siehe Tafelbeispiele XI) tritt nun auch hier wie schon vorher (T. 20ff., T. 65ff., T. 78f.) resumierend ein. Doch wirken die blockartigen Dreitaktgruppen (T. 136ff.: 3+3+3), deren Konstruktionskern der aufsteigende G-Dur-Dreiklang ist (Bässe!), durch die metrisch-rhythmischen Überlagerungen, die zudem harte dissonante Reibungen entbinden, und durch die kontrapunktische Einführung der Gegenbewegung wie eine abermalige Schürzung des Knotens. So wird nochmals ein Kadenzvorgang ausgelöst (T. 145–150) und durch Wiederholung potenziert. Die kompakt dreitaktige Gliederung bleibt erhalten. Der agile Viertelgang der Bässe faßt zwar energisch zusammen, hat indessen zu wenig rückwirkende Macht, um als alles

Vorhergegangene umspannender Abschluß aufgefaßt zu werden. Die endlich eintretende I. Stufe (T. 151) erfährt folgerichtig eine ebenfalls zweimalige Bestätigung, und zwar abermals durch das signalartige Fallmotiv und durch die bis hin zum letzten Takt pochenden Viertel (Vc./B.). Doch die Zurücknahme ins piano nimmt der festgefügten Konstruktion (3+3+1 Takte) im dialektischen Gegenzug das Gewicht – ein fürwahr überraschend anmutiger Abschluß des konfliktträchtigen ersten Teils (Exposition).

Der Durchführungsabschnitt des zweiten Teils (T. 158–224) steht im Zeichen der mit der endgültig befestigten Dominantregion erreichten neuen Möglichkeit des willkürlichen Umgangs mit den motivischen Elementen. Die Befreiung von im engeren Sinn tektonischen Aufgaben erscheint als die Bedingung für die volle Emanzipation der Gebilde. Sie äußert sich darin, daß die Motive nun aus ihrem ursprünglichen Verband gelöst einer frei wirkenden Einbildungskraft unterworfen werden. Die Auflösung der einheitstiftenden kadenzmetrischen Konstruktion und folglich die Labilität des Baus, die dem ‚choreographischen' Prozeß des ‚Übergangs' entspricht, wird einerseits durch das Festhalten an thematischer Substanz kompensiert, andererseits durch ‚Arbeit' an ihr ausgelöst.

Die Durchführung wird durch zwei Gebilde bestritten: durch die Devise, die über dem weiterpochenden G der Bässe erstmals in der Dominanttonart erklingt (T. 158–161) und die Ereignisse der Durchführung eröffnet, und durch das signalartige Fallmotiv. Somit werden das Anfangs- und das Schlußmotiv des Satzes zusammengespannt, der Durchbruch gewissermaßen auf kürzestem Wege gesucht. Die wie ein Motto anmutende Kombination der beiden Motive (T. 158–164) führt jedoch offensichtlich nicht weiter; ebensowenig wie die unvermittelt ‚abirrende' Versetzung der Devise nach E-Dur (etwa analog der Wendung von G nach Es zu Beginn der Durchführung im ersten Satz), die das Fallmotiv in der Umkehrung (aufsteigend) nach sich zieht (T. 166–172). Auffallend übrigens die Vertauschung der Funktion in Hörnern und Bässen: Mit dem Einsetzen des E-Dur übernehmen die Hörner die pochenden Viertel, die Bässe den Halteton – zweifellos zur Abschwächung des Bewegungselements. Erst der machtvolle Forte-Auftakt des signalartigen Fallmotivs gibt den Anstoß zu dem Gang durch die harmonischen Regionen (T. 173 ff.):

Beispiel 24

Die kontrapunktische Verspannung des in seiner Gestalt veränderten Motivs, das sich hier mit eigenständig thematischem Profil präsentiert (siehe Beispiel 24), unterzieht die Substanz stärksten Belastungen, aus denen wiederum unentwegt weiterdrängende, aber determinierte Bewegung resultiert. Durch die viermal gegeneinander um jeweils einen halben Takt verschobenen Einsätze (auftaktige und abtaktige) scheint auch das metrische Bezugssystem aus den Fugen zu gehen. Umso mehr Halt gibt das kontrapunktische Verfahren: Erste Violinen und Bässe bilden einen viermal ansetzenden Kanon in der Doppel-Oktave, die zweiten Violinen und Violen mit dem in seinem Ablauf modifizierten ‚Subjekt' einen (aber nur in den Einsätzen streng durchgeführten) Kanon in der Oktave, doch beide jeweils mit dem gleichen Ton (a) anhebend. Der kontrapunktische Vorgang spielt sich ausschließlich in den Streichern ab. Eine eigene Ebene repräsentieren die Holzbläser, die in Phasengleichheit mit den Violen jeweils den harmonischen Gang in fließende Stimmigkeit umsetzen. Die Gruppe der Hörner, Trompeten und Pauken hingegen akzentuieren mit abwechselnd auf- und abtaktigem Einsatz des Initialrhythmus die Gliederung. Demnach handelt es sich um einen ‚irrationalen', freilich in der Abfolge regelmäßigen Wechsel von drei- und viertaktigen Gruppen (T. 173 – 186: 3+4 etc.).

Schon mit der ‚Abirrung' nach E-Dur (T. 166) ist der harmonisch feste Standort verlassen. Der weitere Verlauf zieht daraus die Konsequenz. Denn ausgehend von E-Dur bahnt sich eine mit jedem neuen Kanon-Einsatz fortgehende ‚harmonische Sequenz' in fallenden Quintschritten an, von denen sich jede vorausgehende Harmonie zur folgenden dominantisch verhält (T. 172ff.: E – A – D – G – C – F). Der ‚Gang‘ erscheint auf seinen harmonischen Begriff gebracht; von einem harmonisch-tonalen Zentrum kann nicht mehr die Rede sein. Sobald die Station F erreicht ist (T. 187) – vielleicht nicht von ungefähr auf der subdominantischen Stufe der Grundtonart – kommt es zu einer Umkehr in der Richtung der Quintschritte. Es ergibt sich eine Kette aufsteigender Quinten, wobei nunmehr Mollklänge in Erscheinung treten, was die Labilität noch verstärkt (T. 187ff.: F – c – g – d). Mit dem Ausgangspunkt des Umschlags in die Kette steigender Quinten, zwischen denen nicht einmal mehr eine ‚logische‘ V – I -Beziehung besteht, wird eine neue motivische Konstellation eingeführt (T. 187ff.). Ein je viermaliger (wie vorher!), gleichfalls kanonisch gefügter Ansprung des nun nach aufwärts gerichteten Signalmotivs im nervigen forte der Streicher zieht in den Holzbläsern die sowohl ihres metrischen als auch harmonischen Haltes beraubte Devise nach sich:

Beispiel 25

Während der Streicherkomplex mit dem Signalmotiv trotz der kanonischen Verstrebungen sich jeweils innerhalb einer einzigen Harmonie bewegt (die Harmonien ergeben zusammengenommen das erwähnte Quintengerüst (F, c, g, d), vollzieht sich in der stets gleichartigen metrisch-rhythmischen und harmonischen Brechung der Devise über II. und V. Stufe die modulierende Wendung zur jeweils neuen Akkord-Position. Es ist also die Devise, die vermittelt und weiterführt, allerdings unter Aufgabe ihrer monadenhaften Geschlossenheit (vgl. auch schon T. 36ff.). Die Streicherepisoden sind in dieser neuen Phase des Geschehens (T. 187ff.) als gedrängte Kanons im Quintabstand konstruiert (Vc./B. und V. I), wobei einem Kanon in gleicher Bewegungsrichtung jeweils ein solcher in Gegenbewegung folgt und die Mittelstimmen von der Terz (Mitte des Dreiklangs!) ausgehende Kontrapunkte bilden. Das Prinzip des Wechsels von ungerad- und geradtaktigen Gruppen wird indessen beibehalten, nur daß jetzt auf eine dreitaktige eine zweitaktige folgt (T. 187–204: 3+2 etc.). Dem Dialog der Motive entspricht im übrigen der Dialog von Bläsern (Devise) und Streichern (Signalmotiv).

Mit dem vierten Eintritt der Devise in den Holzbläsern (T.205) aber erfolgt ihre Auflösung als eigenständige Gestalt. Ein Gewebe von ziellos schweifenden Klängen und Linien erstreckt sich über fünf, nicht mehr wie vorher in 3+2 untergliederbare Takte. Die Harmonie bleibt in der Schwebe und wird weit vom d-Moll, der letzten im Quintzyklus erreichten Stufe, abstehend in einem H-Dur aufgefangen (T.210), das sich als Zielpunkt des von den Violinen eingesprengten, tänzerisch aufsteigenden Signalmotivs ergibt und durch den Forte-Eintritt der Bässe seine Basis erhält. Die H-Dur-Harmonie, die vom Grundton C einerseits am weitesten entfernt ist, da sie auf der letzten Stufe im Aufstieg durch die C-Dur-Leiter vor dem Wiedereintritt des C erreicht wird, andererseits als Harmonie auf der Leittonstufe dem Grundton am nächsten steht, außerdem bei aufsteigender Quintschrittfolge von C aus der letzte Schritt ist, der auf eine leitereigene Stufe trifft, bleibt allerdings insofern instabil, als der H-Dur-Dreiklang auch im folgenden zwar stets Zielklang bleibt (T.213, T.216, T.219), jedoch mit der e-Moll-Harmonie alterniert. Diese erhält auch motivische Bestimmtheit durch die befestigenden Einsätze des signalartigen Motivs, zweimal in Abstiegsbewegung (T.211, T.214) und ein drittes Mal im Unisono der Streicher energisch aufsteigend (T.217), sowie in Gegenbewegung sekundiert durch den herausgehämmerten e-Moll-Dreiklang in den Bläsern. (Zu bemerken ist allerdings, daß er nicht etwa die E-Oktave, sondern die H-Oktave durchmißt!) Das harmonische Terrain bleibt somit weiterhin unsicher – trotz, ja gerade wegen des mehrfach bestätigenden Charakters des Signalmotivs. Die H-Dur-Harmonie als V. Stufe zum latenten e-Moll zu hören, ist ebenso zutreffend, wie sie als Zielklang aufzufassen, zumal da sie stets (viermal: T.210, 213, 216, 219) in Dreiklangs-Form (bzw. im Einklang), nicht etwa als Dominantseptakkord eintritt. In den berühmten sechs Übergangstakten zur Reprise (T.219–224) gibt auch dieser schon unsichere Boden, die harmonisch extremste Position des Finales, nach. Über dem chromatisch abwärts gleitenden Baß setzen sukzessiv Fagott I und II mit dem Auftaktmotiv auf der Quint und Terz des H-Dur-Dreiklangs ein. Doch mit dem harmoniefremden c der beiden Hörner (T.221), der None eines (unvollständigen) Dominantseptakkords über H (verminderter Akkord), findet die Umdeutung zur Wechseldominante von C-Dur statt. (Der Ton c, der schon bei seinem Eintritt das kommende C-Dur signalisiert, wird zur Dominantseptime, das immer noch liegende dis enharmonisch zur None es umgedeutet.) Über die verminderte Quint (a zu as) im Baß wird der ineinander geschachtelte Dominantsept- und Quartsextakkord von C-Dur erreicht (T.223f.), während das signalartige Fallmotiv in den ersten Violinen den Wendepunkt markiert, der hier aus der gänzlich instabilen, gleichsam willenlosen Gleitbewegung plötzlich sich konstituierenden Kadenz motivische Gestalt verleiht und den Wiedereintritt der Grundtonart C-Dur, den Beginn der Reprise, einfädelt. Der bedeutsame Moment (T.223) – der Eintritt der V. Stufe G – wird akzentuiert durch die Zuschaltung von Trompeten und Pauken, außerdem von zweiten Violinen und Violen, insbesondere aber durch den einzigen Paukenwirbel (piano!) im Finale. Weiterhin bemerkenswert an diesem kritischen Punkt in der Gesamtarchitektur des Satzes: das gleichzeitige Erklingen des Tonika-Quartsextakkords (nur durch den Ton c in V. I/II vertreten) und des D^7-Akkords (Fg. I/II: Töne d und f).

Ein zusammenfassender Rückblick auf die harmonische Konstruktion des Durchführungsteils mag angebracht sein. Sie geht aus diesem Schema hervor:

G(V) E – A – D – G – C – F (IV) – c – g – d → H(e) → G (V)

Es wird ersichtlich, daß die Brücken vom Ausgangspunkt, der konsolidierten Dominanttonart G, durch die Rückung nach E abgebrochen werden, daß sich im freischwebenden Harmonieraum in Quintschritten organisierte, z.T. symmetrische Ketten bilden mit dem Drehpunkt F, der ‚ideellen' IV. Stufe der Grundtonart C, daß dann durch erneute ‚Abirrung' die Extremposition H erreicht wird, die ihrerseits zur Ausgangsstufe E im Quintverhältnis steht, außerdem den Leitton h der C-Dur-Leiter als ‚Leitharmonie' erscheinen läßt, und daß schließlich (der Hörer weiß nicht, wie ihm geschieht) die V. Stufe G sich einstellt, die jetzt indessen nicht mehr Dominanttonart ist (wie zu Beginn der Durchführung), sondern Bestandteil der Kadenz nach C-Dur. Der Durchführungsteil nimmt sich somit im ‚Zeitraffer' betrachtet aus als der Prozeß der Verwandlung der stabilisierten Dominanttonart (G) zur V. Stufe von C-Dur.

Eine tragende Schicht im Partiturgefüge der Durchführung wird indessen auch durch die Einsätze der Hörner und Trompeten, in der Regel zusammen mit den Pauken, repräsentiert. Man bemerkt, daß sich diese Einsätze weder glatt in das harmonische Geschehen, noch in das motivische (der Streicher und Holzbläser) integrieren lassen. Zunächst sind es nur die Hörner, die mit Halteton bzw. in pulsierenden Vierteln die G-Dur-Stufe und den Grundton der E-Dur-‚Abirrung' fixieren. Dann aber (T. 173 mit Auftakt) beginnt eine Reihe von abwechselnd auf- und abtaktigen Einwürfen der Trompeten-Pauken-Gruppe mit den Hörnern, die das punktierte Initialmotiv herausmeißeln. Sie stellen die metrische Gliederung klar (bis T. 204: 3+4 etc., 3+2 etc.). Aber nicht nur dies: Da die Einwürfe stets in C, G oder D erfolgen (C, D, G, C, C, C, G, D), wobei mit dem letztgenannten Ton die Pauken (notwendigerweise) pausieren, legen sie ein Gerüst, das ausschließlich aus I., V. und II. (V^V.) Stufe besteht. Es wird deutlich, wie sehr eine einsinnig harmonische Analyse den Bau der Partitur verfehlt. Nicht von ungefähr nehmen die Hörner und die Trompeten-Pauken-Gruppe an der Wendung nach H nicht teil, fangen jedoch das Geschehen am Schluß der Durchführung (T. 221 Hrn. und T. 223 Trp., Pk.) wieder auf.

Daß die Reprise (T. 225 ff.) keine Wiederholung ist, wird schon nach wenigen Takten durch die die Zäsuren zwischen Devise und der Figur des Dreiviertelauftakts überbrückenden Bläser (+ Pauken), Violen und Bässe offenbar. Die eigenartige, gegen das Prinzip der Abhebung des Ungleichartigen verstoßende Vermittlung, die auch motivisch in den Bässen (+ Violen) durch die in Krebsform und mit den gleichen Noten (nicht den gleichen Tönen!) imitierte Devise sehr auffällig in Erscheinung tritt (T.227–230), läßt den Aspekt des unerwarteten Eingriffs, aus dem zu Beginn des Satzes der Zusammenhang ersteht, in den Hintergrund treten.[17] Die ersten acht Takte erscheinen als eine bereits ‚vollendete' Einheit. Man erwartet nun den Nachsatz-Komplex als einen schon vernommenen, d.h. im Bewußtsein des Hörers bewahrten Vorgang. Doch diese Erwartung erfüllt sich nicht. Zwar setzt ähnlich wie im Expositionsteil die Devise mit geballter Kraft (forte) und hart akzentuiert erneut ein (T.234ff.). Sie erfährt indessen eine gewaltsame harmonische Brechung, die es ermöglicht, sie selbst gewissermaßen in Fortschreitung zu versetzen. Dies geschieht, indem der letzte Ton der Devise (T.236), der an der entsprechenden Stelle (T.12) der Exposition und auch sonst nach dem immanenten Gesetz des Gebildes mit der I. (bzw. VI.) Stufe harmonische Geschlossenheit herbeiführt, nun mit der dominantischen A-Dur-Harmonie versehen wird. Es ist die dreinfahrende Schleiferfigur (Vc./B., Va.), die nun ihre auch harmonisch sprengende Kraft beweist. Der disparat einfallende A-Dur-Spannungsklang (Quintsextakkord), dessen kleine Sept (g) von Hörnern, Trompeten und Pauken eingehämmert wird, setzt eine aus der Devise gebildete Kette in Gang. In einer diatonisch zunächst zur Terz aufsteigenden, dann wieder absteigenden Reihe (c–d–e–d–c) wird die Devise durch verschiedene Klangregionen getragen, wobei sich die Spannungsklänge zunehmend verdichten und von immer schärferen Dissonanzen der Bläser kontrapunktiert werden (T.233–252: $C–A^7$, $d–H^7$, $e–E^7$, $E^7–D^7$, $D^7–C^7$). Die Verspannungen werden dadurch bis zum Zerreißen verstärkt, daß mit dem dritten Einsatz der Devise (T.242) die Oktav-Verdopplung der ersten durch die zweiten Violinen beendet ist und diese nun im Abstand von zwei Takten die Devise als Unterquint-Kanon einführen. Außerdem erscheint dieser Abschnitt vollständig durchsetzt von chromatischen Fortschreitungen. Im Ganzen gesehen zielt der Gang durch die Harmonien weniger auf Ausweitung, als auf Komprimierung ab. Denn er ist nicht nur motivisch auf die Devise zentriert, sondern vollzieht auch harmonisch eine, allerdings von äußerster Dynamik gespeiste Kreisbewegung. Die Rückkehr nach C (T. 252) ergibt indessen die dominantische ‚Aufladung' der C-Dur-Harmonie, die die IV. Stufe F nach sich zieht und den direkten Anschluß an das Aufsprung- und Fortsetzungsmotiv findet (T. 254 ff., analog T. 56 ff.). Der im motivischen Dialog (Vc./B. und V. I) geformte Weg führt nun zielstrebig zur V. Stufe G (T. 262, statt zur wechseldominantischen II. Stufe T. 64). Im Unterschied zum Bau der Exposition stellt sich bis zu diesem Punkt die Reprise als ein verkürzter Weg dar, dergestalt, daß sich einerseits der Dreischritt (Feststellung der I. Stufe im ‚Nachsatz', die Wendung zur V., sodann die Öffnung zur II.[V^V]) zusammenzieht in einen einzigen, ungemein weitreichenden Vorgang (‚Dynamisierung' der I. Stufe und direkter Anschluß über die IV. zur V. Stufe), daß andererseits der ‚Nachsatz' (T. 233 ff.) eben nicht zum erwarteten Abschluß auf der I. Stufe führt, sondern weiter bis zur Öffnung in die V. Stufe, die sodann eine Bestätigung durch das signalartige Fallmotiv erfährt (analog zur Befestigung der Wechseldominante in der Exposition). Von hier aus nun (T. 263 ff.) entspricht der Verlauf dem des Expositionsteils, nur daß (wie üblich) die Grundtonart festgehalten wird. (Es ist im übrigen aufschlußreich zu verfolgen, zu welchen Änderungen im Orchestersatz sich Mozart durch die tonartliche Versetzung und die sich dadurch ergebenden veränderten Lagen veranlaßt sah.) Allerdings erfährt der entscheidende, zwiefache Ansatz zur ‚Werkkadenz', der ersten großangelegten Kadenz zur Grundtonart, der dem zur Dominanttonart in der Exposition entspricht, eine Potenzierung. Dies geschieht bereits ohne faktische Erweiterung im ersten Ansatz (T. 313–319 [8 T.]: $I - I^7 - IV\ II^7 - I^6_4\ V^7$; statt wie T. 115–122: [G-Dur] $I - VI - I - IV\ V^7$). Der zweite jedoch bringt eine innere und äußere Erweiterung mit sich: Der unvermittelte, trugschlüssig wirkende Schritt in den Sextakkord der Moll-Subdominante (T. 325) verschärft sich zum Des-Dur-Quartsextakkord (T. 328), dann nochmals zum Dominantseptakkord über As (T. 330), der sich endlich mit dem ‚erlösenden' Schritt as–g in den Quartsextakkord von C-Dur (T. 332 als enharmonisch umgedeuteter Septnonakkord (ohne Grundton!) der Wechseldominante mit verminderter Quint (as statt a) erweist. Weit kraftvoller, entschiedener, aber auch knapper fällt nach der beschriebenen Vorbereitung die eigentliche Kadenz aus (T. 332 – 334), die infolgedessen auch vollständig abweicht von der Kadenzgestalt an der entsprechenden Stelle der Exposition (T. 132 – 135).

Vielfach wird die mit Sforzato-Gewalt hergestellte Kadenz in der Reprise als der Kulminationspunkt des Satzes angesehen. Diese Deutung mag zutreffen, wenn man die Betrachtung auf die ersten beiden Teile des Finales beschränkt. Schließlich wird hier in weit ausholendem Ansatz und mit den gesammelten Kräften des Orchesters erstmals die Grundtonart ausdrücklich kadenzierend erreicht. Doch ist andererseits nicht zu leugnen, daß die (wie in der Exposition) nachfolgenden dreitaktigen Glieder der Bekräftigung (signalartiges Motiv), des erneuten Kadenzierungsansatzes in laufenden Vierteln und der abfangenden Takte (piano!), in denen sich das signalartige Motiv zum Auf und Ab rundet (siehe dagegen den Schluß der Exposition), sich von einem vollgültigen Schluß eher wieder entfernen. Insofern läßt auch die Endphase der Reprise eine Fortsetzung zur überzeugenden Schlußbildung, entscheidende Ereignisse noch erwarten.

Sie vollziehen sich im Coda-Teil, der demnach nicht etwa als weitere „Durchführung" zu verstehen ist. Er wird eröffnet durch den aufsprengenden Einfall des signalartigen Motivs in gegenläufiger Bewegung (motu contrario), sowie in c und in der großen Untersekunde b einsetzend. Wie ein Blitz aus heiterem Himmel, durch den Spannung sich freilich nicht entlädt, sondern auflädt, erscheint der eben noch gelöst endigende C-Dur-Dreiklang in einen Dominantseptakkord (zur IV. Stufe F) verwandelt: ein erratisch anmutender dreitaktiger Block, der weder Vorbereitung noch Auflösung erfährt. Außerdem erscheint das punktierte Initialmotiv wie fast immer in auf- und abtaktiger Setzung (T. 357 – 360). Der neue Anstoß verdankt seine Energie überdies nicht zuletzt dem Kunstgriff, daß die einander ergänzende und daher abrundend wirkende, zuerst aufwärts, dann abwärts gerichtete Bewegung des signalartigen Motivs nun gleichzeitig erfolgt. Der nach dem beruhigten Piano-Schluß gänzlich unmotiviert erscheinende Forte-Ausbruch des vollen Orchesters geht freilich ins Leere, vermag keine Fortsetzung zu erzwingen. (Eine in etwa analoge Situation begegnete bereits in der Reprise [T. 252/253] mit der dominantischen Umorientierung der C-Harmonie, die den Fortgang jedoch nicht gefährdete, sondern ihn im Gegenteil auslöste.) An diesem kritischen Punkt des Finales mutet der erratische Dreitakter wie der Versuch an, den ‚gordischen Knoten' mit Gewalt zu zerhauen, wie das befremdende Fanal, das Befreiung oder Scheitern signalisiert. Seine sprengende Macht aber erweist sich darin, daß nun in der Tat der Satz gleichsam aus den Fugen geht. Mit dem folgenden Eintritt von gleitenden Streicherlinien im piano (T. 361–372: 4+4+4 Takte), die eine Art Umkehrung der Devise bringen, verliert diese ihre festen Intervall-Konturen. Der Prozeß ihrer Auflösung, die schon in der Durchführung angebahnt war, scheint sich hier zu vollenden. In freier Gegenbewegung, richtungs- und impulslos bilden die ineinander verschränkten Einsätze des Gebildes, das nun keines mehr ist, ein harmonisches Gewebe, das außer leittönigen Beziehungen weder Halt noch Ziel erkennen läßt. Die Bläser (zuerst die Flöte, dann in synkopischer Chromatik Oboen und Fagotte) verstärken diese Tendenz (vgl. z. B. die Phrasierung der Flöte!), zumal dem Satz durch das Pausieren der Bässe der Boden entzogen ist. Gleichsam schattenhaft taucht u.a. die V. Stufe auf. Wenn dann die Devise unwillkürlich wieder zu ihrer ursprünglichen Gestalt zurückfindet (T. 369, V. I) geschieht dies nicht von c, sondern von g aus. Die Harmonien bleiben indessen noch diffus, obwohl sich im Endigungstakt deutlich die Dominantstufe herausschält (T. 369–372). An dieser kritischen Stelle kulminierender Vagheit und Fortschreitungs-Hemmung werden die Zügel unvermittelt wieder angezogen: Die Violen fädeln das auftaktige ‚zweite Thema' in seiner energisch artikulierten Form wieder ein (forte), während die Bässe (zusammen mit den Hörnern und Fagotten) mit der abtaktig und heftig skandierten Devise in C-Dur wieder den festen Grund legen. Hier setzt jene Phase des Finales ein, die seit jeher als ein Höhepunkt kontrapunktischer Kunst und motivisch-thematischer Arbeit gefeiert wurde. Sie umfaßt 30 Takte und ist mit Ausnahme der zwei Dreitakter am Schluß durchwegs viertaktig gegliedert (T. 373–402). Der Einbildungskraft eines souveränen, ebenso frei wie streng kombinierenden

Geistes, die sich hier manifestiert, ist gewiß mit Deskriptionen des kontrapunktischen Verfahrens nicht beizukommen. Die Feststellung, es handle sich um eine Fuge mit fünf Themen, eine „Quintupelfuge" (Simon Sechter), ist ebenso unzulänglich, wie die Beschreibung unter dem Aspekt der ‚motivisch-thematischen Arbeit'. Was geschieht an diesem Kulminationspunkt des Finales wirklich, wenn es (wie wir behaupten) nicht bloß um die Präsentation kontrapunktischer Künste oder um die vordergründige Idee der Summierung aller Finalthemen kurz vor dem Abschluß des Satzes geht? – Gewiß hängt die Aufbietung der ‚Satzkünste' einerseits mit der Situation unmittelbar vor dem Schluß zusammen, der ja offensichtlich nicht nur als Schluß des Finalsatzes, sondern als der des ganzen Werks konzipiert ist. (Es ist sicherlich nicht abwegig, an den alten Terminus der „Paenultima" zu erinnern, der die herausgehobene und vielfach durch einen Orgelpunkt ausgezeichnete Stelle *vor* dem Schlußklang bezeichnete.) Andererseits geht die kontrapunktische Ballung aus der beschriebenen Fortschreitungskrise hervor, die nach dem erfolgten Abschluß der Reprise eintrat. Die ‚Fuge' erscheint gleichermaßen als die aus spontanem Impuls geborene Konsequenz eines ausweglosen Momentes und als zielgerichtete Bündelung heterogener Vorgänge, als erneute Schürzung des Knotens, die allerdings eindeutig mit dem Siegel des Endgültigen versehen ist.

Der Neuansatz entspinnt sich mit der um einen Halbtakt gegeneinander verschobenen kontrapunktischen Kombination des ‚zweiten Themas' (b) mit der Devise (a), zwei Gebilden, die bisher in keinerlei Beziehung zueinander traten, gewissermaßen extreme Positionen des Finales repräsentierten (Beispiel 26). Es muß dem Hörer wie eine Erleuchtung vorkommen, daß sich der thematische Gegenpol der Devise als ihr Kontrapunkt entpuppt, das Heterogene sich als zusammenpassend erweist. Was sich hier mittels kontrapunktischer Technik ereignet, ist das ‚Umklappen' der Sukzession der motivischen Gebilde in die Gleichzeitigkeit. Im Aufbau des real fünfstimmigen Gewebes (Streicher) nach Art einer Fuge (alternierende Einsätze auf der I. und V. Stufe) sind jedoch nicht alle Gebilde, aus denen sich der Satz konstituiert (a, b, c, d, ec: Beispiel

26) und mit denen fast alle wesentlichen Motive des Finales aufgerufen werden, von gleichem Gewicht. (Schon deshalb ist es irreführend, von einer Quintupelfuge zu sprechen.) Führend sind zweifellos die Devise (a) und das ‚zweite Thema' (b), wobei die Bläserverdopplungen (insbesondere die ungewöhnliche durch die Hörner zu Beginn [T. 373 ff.]) zeigen, daß die Devise den Vorrang hat. Trotzdem werden Devise und ‚zweites Thema' (wie bemerkt) stets paarweise, wenngleich gegeneinander versetzt (Thema b vorgezogen), eingeführt. Außerdem ist das Motiv ec nur eine Variante des Motivs c (siehe Beispiel 26).

Die Konstruktion basiert auf acht Einsätzen, und zwar zweimal in aufsteigender Richtung (T. 373–402: Vc. + Va. [I. Stufe], Va. + V. II [V.], V. II + V. I [I.], V. I + B. [V.], B. + Vc. [I.], Vc. + Va. [V.], Va. + V. II [I.], V. I + Va. [I.]. Auf die letzten beiden Einsätze (T. 397 und T. 400), die nicht mehr in dem von der Devise vorgegebenen Viertakt-Abstand erfolgen, ist noch zurückzukommen. Mit jedem Neueintritt einer Stimme setzen sich die übrigen kontrapunktisch jeweils zur Devise und zum ‚zweiten Thema' mit den Motiven c, ec, d, bzw., da jeder Neueintritt mit dem Motiv b erfolgt, mit den Motiven a, c, ec, d fort. Verwirrend ist, daß zwar die Einsätze der Devise als dominierend empfunden werden, daß aber nach Maßgabe eines normalen Fugato, in dem jede neu hinzutretende Stimme (T. 377 ff.) mit dem Hauptthema beginnt, der Eindruck entsteht, als sei das Gebilde b das eigentliche Thema der ‚Fuge'. Die Verkehrung aber erklärt sich daraus, daß dieses gegenüber der Devise um einen Halbtakt vorgezogen erscheint, es also notwendigerweise vor dem nächsten Einsatz der Devise eingeführt werden mußte. Dies bedeutet freilich nicht, daß der Charakter eines ‚Vexierbildes' nicht beabsichtigt wäre. Geht man also von den Stimmeinsätzen aus, ohne die Stimme der Violoncelli zu berücksichtigen, die mit der Devise beginnen (T. 373), so ergibt sich (würde etwa dem ersten Devisen-Einsatz in den Celli das Motiv b vorausgehen) ein fünfstimmiger Kanon im Quintabstand (c – g), in dem die Motive jeweils in der Folge b, a, c, ec, d auftreten. Die Figur mag dies verdeutlichen: T. 373–402

V. I				b	a	c	ec	d	a
V. II			b	a	c	ec	d	b	c
Va.		b	a	c	ec	d	b	a	b
Vc.	[b]	a	c	ec	d	b	a	c	e
B.					b	a	c	ec	d
		I	V	I	V	I	V	I	I

Ein zweiter Durchgang bahnt sich in den Celli an (T. 389), wo er am weitesten geführt wird, dann in den Violen (T. 393), wo er aber schon nach dem Eintritt der Devise abbricht. Dies hängt mit den beiden letzten Einsätzen der auf drei Takte verkürzten Devise zusammen.

Aus dem Schema ist auch ersichtlich, daß mit dem fünften Einsatz in den Bässen (T. 385), mit dem Devise (a) und ,zweites Thema' (b) den weitesten Abstand (Oberstimme und Baß) zueinander einnehmen, alle Motive zugleich erklingen – zunächst auf der V. Stufe G (T. 385–388), dann vier Takte später auf der I. Stufe C:

Beispiel 26

Von der Stelle an, wo die fünf Motive zusammenkommen (T. 385) bis zum Umbruch (T. 403) sind in jeweils verschiedenen Stimmen stets alle Gebilde gegenwärtig (siehe Figur S. 112). Es erklingt somit über 18 Takte hinweg motivisch immerfort das Gleiche in kristallartig dichter Fügung. Zugleich manifestiert sich der Charakter der Devise als monadenhaftes Gebilde, das keine über sich selbst hinausreichende, weiterführende Bewegung entbindet, also auch aus sich selbst zur Schlußfähigkeit nicht zu gelangen vermag. In der kunstvoll hergestellten Gleichzeitigkeit der Hauptmotive findet außerdem ihre ausdrückliche Befreiung aus dem Transitorischen statt: Es kommt zu einer Art Epiphanie des zeitenthobenen Werkcharakters. Aufhebung einer eigentlichen Fortschreitung aber bekundet sich auch im stationären, wenngleich großräumigen Pendelschlag von I. und V. Stufe (jeweils nach vier Takten), den harmonischen Polen des Werks. Mit der monumental aufhaltenden, versammelnden und orgelpunktartigen Bestätigung sowie mit dem stationären Klanggefüge verbindet sich nicht von ungefähr die Kanontechnik, die im Ursprung dem primär klanglichen Verfahren des Stimmtauschs verwandt ist. Kontrapunkt (synchrone Verknüpfung der Motive) und in sich bewegter Stillstand der harmonischen Fortschreitung sind zwei Aspekte desselben Vorgangs, der, weit entfernt von Polyphonie im herkömmlichen Verständnis, seinen Sinn als Augenblick der Kulmination durch seine Einbindung in den zeitgliedernden kadenz- und taktmetrischen Satz der Wiener Klassik und in die architektonische Gesamtkonzeption des Finales erhält. Der Kontrapunkt nimmt eine neue Qualität an, deren Hauptkriterium die Vergeistigung ist.

Daß trotz des erwähnten stationären Charakters der ‚Fuge' die Zielorientiertheit des Geschehens nicht suspendiert ist, wird weniger durch den imitatorischen Aufbau der Fünfstimmigkeit sinnfällig, auch nicht durch die allmähliche Zunahme an Klangfülle, als vielmehr durch die Behandlung der Bläser. Sie verdoppeln zunächst (bis T. 388) die Devise (Hrn. + Fg., Ob. + Fl.). Sodann übernehmen mit dem Eintritt der Devise im Baß (Beispiel 26) die Holzbläser auch die Verdopplung der anderen Motive, somit des gesamten Gewebes. An derselben Stelle aber fallen auch die Hörner, Trompeten und Pauken ein, die nun ihren eigenen, vom kontrapunktischen Geflecht unabhängigen Weg gehen und ein Gerüst einziehen (T. 389–402). Es beschränkt sich auf die Töne c (bzw. c–e–g), g und d, repräsentiert die I., IV., V. und die II. (wechseldominantische) Stufe und verkörpert in seinem Zusammenhang nicht nur die Konstruktion der gesamten ‚fugierten' Stelle, sondern auch den Ausbruch aus dem stationär in sich selbst kreisenden Gehege. Zuerst werden die beiden Stufenlagen der Devise (in C und in G) fixiert, anschließend der zweimalige Eingriff, durch den die Devise ihren Schlußton verliert, die viertaktige Gliederung auf eine dreitaktige reduziert und die monadische Geschlossenheit aufgebrochen wird: T. 389–402

I IV V I V I II V I IV V I IV V
(Jede Stufe nimmt einen vollen Takt ein.)

Es ist nun auf die Verkürzung und Öffnung der Glieder unter dem Aspekt des Motivischen und Metrischen zurückzukommen. Der siebte Einsatz der Devise in den Violen (T. 397) in C erfolgt noch regulär nach dem G-Einsatz in den Violoncelli, der nächste jedoch irregulär und unerwartet in den ersten Violinen (T. 400), noch bevor die Devise zum Abschluß kommt und wiederum in C, so daß sie diesmal wie ein neu ansetzendes und zugleich das vorhergehende abschließendes Glied einfällt (mit der I. Stufe nach der vorausgehenden V.):

Beispiel 27 (x = metrisch ‚leichter', ▾ = metrisch ‚schwerer' Takt)

Der Eingriff ist wahrhaft umwerfend: Erstmals erscheint die Monaden-Struktur der Devise nicht nur erschüttert (wie in der Durchführung), sondern in ihrem Kern aufgesprengt. Sie öffnet sich jeweils zum Folgenden, enthüllt erst hier ihren eröffnenden Charakter. Dies geschieht auch durch einen metrischen Umschlag. Die bisherige metrische Ordnung der ‚Fuge', ein an die Viertaktigkeit gebundender, regelmäßiger, aber eher latenter Wechsel von ‚schweren' und ‚leichten' Takten, erfährt eine Brechung durch die beiden dreitaktigen Glieder, in denen der erste jeweils schwer (I. Stufe), die beiden jeweils folgenden ‚leicht' sind (IV. und V. Stufe). Die metrische ‚Ausnahmesituation', die dadurch entsteht, daß auf einen ersten ‚schweren' Takt zwei ‚leichte' folgen und jeder neue ‚schwere' Takt mit besonderem (innerem) Gewicht beladen erscheint, bereitet den Boden für den unmittelbaren Anschluß des zupackenden Gebildes mit dem Dreiviertel-Auftakt an die Devise (T. 403, Beispiel 27). In souveräner, frei eingreifender Tat, die durchaus nicht als Resultat einer ‚Entwicklung' zu verstehen ist, werden Devise und das zupackende Auftaktmotiv, das zu Beginn des Finales (T. 5 f.) verbunden mit der im Rahmen der Kadenz I–IV–V–I stets labilen IV. Stufe die Ereignisse eigentlich erst in Gang setzte, zusammengezwungen. Es gibt keine Zäsur mehr zwischen der Devise und jenem zielgerichteten, gewissermaßen finalträchtigen Gebilde, das zu Beginn den ‚Vordersatz' (zur V. Stufe) wie auch den ‚Nachsatz' (zur I. Stufe) einfädelte (T. 5 ff. und T. 13 ff.). Hier aber duldet es keine weitere Aufhaltung, sondern hält geradewegs auf die C-Dur-Kadenz zu. Verglichen mit dem aufgliedernden Komplex des Finale-Beginns (T. 1–19) steht jetzt am Ende eine ingeniöse Komprimierung. Sie umfaßt das letzte Auftreten der Devise noch in der kontrapunktischen Phase (T. 400, V. I) und den zweimal ansetzenden Kadenzvorgang (T. 409), wobei rückblickend das gesamte kontrapunktische Geschehen sich wie ein fortschreitend potenzierender Anstieg zum letzten Devisen-Eintritt ausnimmt.

Jetzt, am Ende des Finales, erweist sich überdies die Schlüsselfunktion des energiegeladenen Auftaktmotivs (), das in der Exposition (T. 115 ff.) und in der Reprise (T. 313 ff.) die großangelegten Kadenzvorgänge herbeiführte. Denn nun schließt sich die Klammer, die zu Beginn der Reprise geöffnet wurde. Dort nämlich blieb der erwartete abrundende ‚Nachsatz' nach dem zweiten Forte-Eintritt der Devise (T. 233 ff.) weg. Aber nicht nur der ‚Nachsatz' wird in der Coda gleichsam nachgeholt, sondern auch das mit der Fanfare (Bläser) kombinierte triumphal bestätigende Motiv des fallenden Gangs (T. 410–419, entsprechend T. 20–29), das in der Reprise ebenfalls fehlte. Und nun wird eine weitere Klammer geschlossen. Dies geschieht dadurch, daß an der Stelle, wo in der Exposition der Umschwung zur V. Stufe bewerkstelligt wurde (T. 30 ff.), ein Fanfaren-Block sich anschließt, der den C-Dur-Dreiklang heraushämmert und den majestätischen Schluß-Stein setzt (T. 420 ff.).

Ein Wort verdient noch die metrische Konstruktion dieses Schlusses. Es war die Rede von der irregulären Dreitaktigkeit, die mit den beiden letzten Einsätzen der Devise (T. 397–402) eingeführt wurde und die die Voraussetzung für die Aneinanderkopplung von Devise und Auftaktmotiv schuf. Sie wird nun beibehalten, schlägt aber mit den bekräftigenden Anschlußtakten nach dem dreimaligen Fallmotiv, das ja gleichfalls in eine dreitaktige Gliederung eingebettet ist, um in das zweitaktige Normalmaß (T. 403 ff.: 3+3+3+3+3+2). Es setzt sich fort im Schlußblock (T. 420–423). Doch da in einer zweitaktigen metrischen Einheit der jeweils zweite Takt metrisch ‚leicht' ist, ein Schlußtakt aber ‚schwer' sein muß, endet der Satz mit einem einzelnen überzähligen ‚schweren' Takt.

ÜBER KONTRAPUNKT UND FUGE IN DER MUSIK DER WIENER KLASSIKER

Das Finale der Jupiter-Sinfonie lenkt den Blick auf den Gebrauch des Kontrapunkts und ausdrücklich kontrapunktischer Techniken in der Wiener klassischen Musik. Zwar war die kontrapunktische Tradition im Süddeutsch-Österreichischen vor allem in der Kirchenmusik stets lebendig geblieben. Doch nicht von ungefähr hatte sich in den kirchenmusikalischen Genres der Satzbau nicht so weit von der generalbaßmäßigen Komposition entfernt, innerhalb derer sich Polyphonie (bzw. Kontrapunkt) von Hause aus zwanglos zu entfalten vermochte. Dagegen kam es in der Instrumentalmusik von Haydn, Mozart und Beethoven zu einer Neukonstitution des Kontrapunkts, die den Charakter einer ausdrücklichen Auseinandersetzung nicht zuletzt mit der Bachschen Polyphonie annahm. Man erschloß sich kompositorisch ein Feld, das in der Musik, die sich vom Prinzip des Generalbasses (Generalbaßkomponierens) gelöst hatte, nicht mehr wirklich heimisch war. Die Neubegründung einer komplexen Kontrapunktik, die nicht nur auf Schwundstufen beschränkt blieb, erschien deshalb unumgänglich, weil das Prinzip des Kontrapunkts (übrigens erstmals in der Musikgeschichte) mit der neuen um 1730 aufkommenden Bauweise, die man den *kadenz- und taktmetrischen Satz* nennen kann, nicht harmonierte. Kontrapunktisches wirkte nun altertümlich, sogar veraltet. Die Fuge als besonders kunstvolle Form der Polyphonie verlor ihre Geltung nicht, weil sie von neuen Gattungen (Sinfonie, Sonate) verdrängt, genauer: auf eine nebengeordnete Rolle verwiesen wurde, sie wurde vielmehr verdrängt, weil das Fundament des Satzbaus sich gewandelt hatte und mit dem kontrapunktischen Verfahren nur noch begrenzt vereinbar war.[18]

Es stellt sich das Problem, die überlieferte Kunst des Kontrapunkts, bzw. ihren Spezialfall, nämlich Fuge oder Fugato, in die neue Bauweise ohne archaisierende Tendenz und ohne Zurücknahme der neuartigen kompositorischen Konzeption zu integrieren. Beethoven brachte es auf die Formel: „Eine Fuge zu machen ist keine Kunst, ich habe deren zu Dutzenden in meiner Studienzeit gemacht. Aber die Phantasie will auch ihr Recht behaupten, und heut zu Tage muß in die alt hergebrachte Form ein anderes, ein wirklich poetisches Element kommen.“ [A.W. Thayer, Ludwig van Beethovens Leben, IV. Band, Leipzig 1907, S. 76.]

Die Bedingung für echte Polyphonie war seit alters her die Bindung an einen Satz, der aus kontinuierlich verlaufenden Stimmen bestand. Diese Voraussetzung war auch im Rahmen der Generalbaßmusik gegeben, obwohl diese von Hause aus auf harmonischer Grundlage beruhte. Wie der Baß (Continuo!) den harmonischen Strom als durchgehend kontinuierliche ‚Stimme‘ repräsentierte, konnten im harmonischen Fortgang auch andere echte ‚Stimmen‘ entfaltet werden, die sich zueinander und zum Baß genuin kontrapunktisch verhielten. Dies war die Basis der Polyphonie J.S. Bachs, die ungeachtet ihrer Komplexität doch als „Generalbaß-Polyphonie“ zu kennzeichnen wäre. Die harmonische Fundierung, die selbst für die Fuge und andere kontrapunktische Gattungen (Kanon, Ricercar, Choralbearbeitung u.a.) gilt, ermöglichte es Bach, in der Anwendung des Kontrapunkts viel weiter zu gehen, als es Vorgänger und Zeitgenossen auch nur erahnten. Das Prinzip der Generalbaßkomposition, das um 1600 den alten Kontrapunkt ablöste, ohne seine Regeln im wesentlichen außer Kraft zu setzen, schloß den streng ‚stimmigen‘ Verlauf mehrerer Stimmen, die sich zu einem kontrapunktischen Gewebe vereinigten, nicht aus; auch dann nicht, wenn (beispielsweise in einer Fuge) die herrschende Stellung des harmonietragenden Basses und die in der Generalbaßmusik gleichfalls ausgezeichnete Oberstimme nicht mehr gegenüber den anderen Stimmen hervorgehoben erschienen.

Ein weiteres, aus dem Gebot der ‚Stimmigkeit‘ resultierendes Kriterium für den kontrapunktischen Satz in seiner strengen Form (z.B. Fuge) ist die gleichmäßige Teilhabe aller Stimmen an der figurativen bzw. ‚thematischen‘ Substanz. Daraus wiederum ergab sich, daß die Stimmen sich in prinzipiell gleicher Art fortbewegen, zwar einander ergänzen und gegenseitig bereichern, aber von einem einheitlichen Bewegungsimpuls erfaßt sind und daher nicht nur im horizontalen Verlauf, sondern auch im vertikalen

Bezug ein Kontinuum bilden. Da die Generalbaßmusik eine wesentlich instrumental geprägte Musik ist, fiel insbesondere der Figuration die Aufgabe zu, Bewegungskontinuität herzustellen. Es ist ein Kennzeichen der Bachschen Polyphonie, daß auch die ursprünglich spielerisch-ornamentale Schicht der Figuration bis zu kleinsten Unterteilungswerten in die kontrapunktische Verwebung einbezogen wurde.

Mit der Abkehr von der Generalbaßkomposition, die sich um 1730 anbahnte und die wenig später in dem neuen Genre der Opern-Sinfonia und der Konzert-Sinfonie auch zu einem neuen Orchestersatz führte, entfielen weitgehend die Voraussetzungen für jegliche Art der Polyphonie: Die Einheit von Bewegungsimpuls und harmonischer Fortschreitung, die im Generalbaß gleichsam garantiert war, löste sich auf und damit auch die Vorstellung der Komposition als ein Bündel kontrapunktisch aufeinander bezogener, jede für sich kontinuierlich verlaufender Stimmen. Indem nun alle Vorgänge auf das ordnungsstiftende Metrum des Taktes und auf die überschaubar metrisierten Kadenzierungen Bezug nahmen, wurde die Bewegung der einzelnen Stimme freigesetzt. Die Bewegungsimpulse vermochten nun in kurzer Folge und unvermittelt zu wechseln bzw. umzuschlagen. In der Stimme hatte nicht mehr Kontinuität sinnfällig zu werden. Die neue Musik stand im Zeichen der freien Beweglichkeit insbesondere der Oberstimme, des überraschenden Wechsels der Gebilde und Bewegungsimpulse, der jähen Umschläge und Unterbrechungen, infolgedessen der Kurzgliedrigkeit und der Abfolge heterogener Bildungen. Dadurch wurde nicht zuletzt auch die universale Geltung der Figuration als Bewegungskontinuität stiftendes Element stark eingeschränkt, und zugleich emanzipierte sie sich als ein die verschiedenen Bewegungsimpulse profilierendes Element. Diese „Diskontinuität" (Thr. G. Georgiades) wurde indessen aufgefangen durch klare, metrisch überschaubar angeordnete Gruppierungen und Korrespondenzen aus kurzen Gliedern. Es entstanden Paarigkeiten, Symmetrien, periodische Bildungen (z.B. Vordersatz/Nachsatz). Für den Zusammenhalt wesentlich wurde das subordinierende Prinzip. Es besteht darin, daß sich kürzere Taktgruppen progressiv um ihr Vielfaches zu größeren Taktgruppen zusammenschließen (z.B. von 2 auf 4, 8, 16, 32 Takte etc.). Als die kleinste metrische Einheit erscheint in der Regel die von zwei Takten (metrisch schwerer Takt / metrisch leichter Takt), die ihre Zelle allerdings in der metrischen Organisation des Einzeltakts hat (z.B. im 2/4-Takt, der sich aus einer schweren und einer leichten Taktzeit zusammensetzt) und deren metrisches Maß gewöhnlich auch eine Entsprechung in der Position der Hauptkadenzstufen besitzt (z.B. T/D). Diese werden daher in erster Linie ebenfalls metrisch wirksam und sind nicht mehr primär bewegungsträchtig. (Ein Indiz dafür sind die jetzt typisch auftretenden sog. Trommelbässe, in denen ‚Bewegung' zugunsten der Hervorhebung der metrischen Positionen der Kadenzstufen im Takt zurückgedrängt erscheint.) Die Befreiung von der Notwendigkeit, in den Stimmen Bewegungskontinuität herstellen zu müssen, die das taktmetrische und kadenzielle Bezugssystem ermöglichte, führte auch darin zu einer neuen Beweglichkeit des musikalischen Baus, daß sogar in einem Satz, der vordergründig noch als aus Stimmen im traditionellen Sinn bestehend erscheint (z.B. Streichquartett) jede dieser Stimmen im Gefüge der Komposition eine je verschiedene Aufgabe in der Satzkonstitution übernimmt. Die ‚Stimmen' repräsentieren verschiedene Schichten, wobei vielfach willkürlich und unvermittelt auch die Funktionen wechseln können (z.B. daß die Violine II gelegentlich ihre Begleitfunktion mit der melodischen Führungsfunktion der Violine I tauscht).

Diese Schichtung kommt im neuen Orchestersatz noch deutlicher zur Geltung. Sie wird nicht durch ‚Stimmen', sondern durch Instrumente bzw. Instrumentengruppen (Streicher, Hörner, Holzbläser etc.) repräsentiert. Es versteht sich von selbst, daß innerhalb einer dieser Schichten in melodisch-rhythmischer Hinsicht die Kontinuität vielfach unterbrochen wird. Auf die kunstvollste und zugleich ausdrücklichste Weise geschieht dies auf der Ebene *einer* ‚Stimme' z.B. zu Beginn des ersten Satzes der Jupiter-Sinfonie oder zu Beginn des Finales (jeweils Violine I). Die Befreiung des Basses einerseits von seiner Generalbaß-Funktion, andererseits von seiner metrisch-kadenziellen Fundament-Funktion dokumentiert etwa der Beginn des Andante cantabile.

Das einfachste Modell des in neuer Art *geschichteten* Satzes ist das Modell Melodie / Begleitung. Allerdings hilft es schon beim „vorklassischen" Orchestersatz nicht weiter. Ganz und gar unzureichend, ja verfehlt wäre es, eine Partitur Haydns, Mozarts oder Beethovens unter diesem Aspekt (bzw. unter dem Aspekt Melodie / Harmonie) begreifen zu wollen. Man übersähe die wesentliche Eigenständigkeit des Geschehens auf den verschiedenen Ebenen der Partitur. Auch dort, wo es sich scheinbar um ‚Melodie mit Begleitung' handelt, nehmen die Gebilde und Impulse auf allen Satzebenen eigenwillig am Aufbau des Ganzen teil. Als Beispiel mögen die Takte 7 – 18 des Andante cantabile dienen: Violine I trägt eine zusammenhängend kantable Melodie vor, von deren Brechungen oben die Rede war. Violine II und Violen unterfangen sie mit einer gleichförmigen Begleitbewegung. Daß sie gleichwohl ‚Charakter' hat, zeigt schon die Artikulation. Auch den Baß, der mit seinen Tonrepetitionen am wenigsten ‚Gestalt' aufweist, könnte man geneigt sein, nach konventioneller Terminologie „Begleitung" zu nennen. Dies würde seiner Rolle an dieser Stelle indessen nicht gerecht. Denn er tritt erstmals im zusammenhängenden Verlauf als Fundament ein. Erst hier übernimmt er entschieden seine gleichsam ursprüngliche Aufgabe. Der isolierte Einsatz der Hörner Takt 7–8 kann nicht einmal oberflächlich als Begleitung bzw. als harmonische Füllung angesehen werden. Die beiden Töne f und c markieren mit I. und V. Stufe bedeutungsvoll den Eintritt einer neuen Phase des Geschehens, wobei der Ton f, der zweifellos ideell für die I. Stufe (F) steht, zugleich Quinte der hier ausharmonisiert erklingenden IV. Stufe B ist. Wenn dann die Hörner und Fagotte (T. 11ff.) die pulsierenden Achtel der Bässe exponiert übernehmen, dann wird vollends deutlich, daß es sich nicht um einen bloß begleitend stützenden Trommelbaß handelt, sondern um eine gleichsam eigensinnige Gestalt, um eine pulsierende Achse im Partiturgefüge. Tatsächlich wäre eine Trommelbaß-Begleitung zum Hauptthema, das nun von den Bässen angestimmt wird, auch gänzlich deplaziert. Die Achtelbewegung hat sich gewissermaßen emanzipiert von ihrer Fundament-Funktion. Bemerkenswert ist auch, daß der Baß, indem er das Thema übernimmt, schlagartig seine Funktion ändert. Der Umschlag findet in derselben ,Stimme' statt! Mit der überbrückenden Zweiunddreißigstel-Figur in den Violinen greift ein neues Gebilde in die Ereignisse ein. Es begleitet nicht, es ergänzt nicht, bricht vielmehr sowohl die Kontinuität des vorangegangenen kantablen Stimmverlaufs, als auch die des Themas in den Bässen, das an sich ja schon Brechungen enthält, aber bei seiner Wiederaufnahme immerhin als kontinuierlich fortlaufende melodische Linie gehört werden könnte. Mozart verhinderte dies durch die Zweiunddreißigstel-Figur, die auf ihrer Eigenwilligkeit beharrt.

Gewiß könnte von ungemein komplexer „Kontrapunktik" oder von „Polyphonie" in diesem Partiturgefüge die Rede sein. Aber ebensowenig wie das Andante cantabile etwa als elfstimmiger Satz beschreibbar ist, nur weil dem Orchester elf verschiedene ,Stimmen' auf den Pulten liegen, läßt sich irgendeine Brücke zwischen dem alten kontrapunktischen Verfahren und dem klassischen Orchestersatz schlagen, wiewohl die Fortschreitungsregeln des Kontrapunkts im einzelnen ihre Geltung durchaus behalten. Nicht weniger irreführend ist allerdings der meist für die Wiener klassische Musik bereitgehaltene Begriff der „Homophonie", der eine primär harmonisch orientierte Kompositionsweise unterstellt. Wer von „homophonem Satz" redet (im Gegensatz zum „polyphonen"), hat sich die Einsicht in die Seinsweise der Wiener klassischen Musik womöglich noch gründlicher verbaut als derjenige, der den essentiellen Unterschied zwischen „thematisch-motivischer Arbeit" bzw. „durchbrochener Arbeit" (G. Adler) oder „obligatem Accompagnement" (L. v. Beethoven) und kontrapunktischer Verarbeitung eines Themas z. B. in einer Fuge verkennt.

Die Komplexität der kompositorischen Konzeption und der Wille zur Universalität und Totalität musikalischer Sinnbeziehungen mußten Haydn, Mozart und Beethoven dazu führen, sich ausdrücklich auch tradierten kontrapunktischen Verfahren zuzuwenden. Diese Auseinandersetzung begann bei Haydn und Mozart schon früh und war zunächst verwurzelt in bodenständiger Tradition. Für Haydn wären u.a. die Quartette op. 20 zu nennen (z. B. die Fugenfinales von op. 20 Nr. 2, Nr. 5 und Nr. 6) und einige der frühen Sinfonien. Mozart war schon seit frühester Jugend mit dem

Kontrapunkt vertraut (Unterricht beim Vater u.a. nach dem berühmten Lehrbuch *Gradus ad Parnassum* [1725] von J.J. Fux), vertiefte seine Studien später bei dem gelehrtesten Kontrapunktiker seiner Zeit, dem Padre Martini in Bologna (1770). Die erste (kurze) Vokalfuge begegnet in der Messe in G-Dur KV 49/47d (1768). Die sechs Quartette KV 155–160 dokumentieren die erneute Beschäftigung mit der kontrapunktischen Satzart. In den Quartetten KV 168–173 (1773) machen sich auch Anregungen durch Haydns op. 20 deutlich bemerkbar. Von da an reißt Mozarts Auseinandersetzung mit dem Kontrapunkt und insbesondere mit dem Fugen-Verfahren nicht ab (siehe z.B. das G-Dur-Quartett KV 387). Sie war indessen zu keiner Zeit retrospektiv; auch nicht, als sie in den letzten Lebensjahren unleugbare Impulse durch die Musik J.S. Bachs erhielt (z.B. in der *Zauberflöte*). Gleiches gilt für Beethoven, der insbesondere im Spätwerk vermehrt auf die Fuge zurückgriff. Von historistischen, restaurativen Absichten oder von bloßer Anverwandlung musikalischer Vergangenheit, die sich im Zuge der angehenden Romantik und unter dem Einfluß der „Wiederentdeckung" der Musik J.S. Bachs anbahnten, sind Mozart und Beethoven jedoch weit entfernt.

Der kontrapunktische Satz widerstreitet (wie bereits bemerkt) in seiner Gebundenheit an durchgängige Stimmen dem kadenz- und taktmetrischen Satzbau. Als *Verfahren* steht er jedoch vor allem im Widerspruch zur klassischen Werkkonzeption, die nicht auf dem Prinzip auch noch so kunstvoller Entfaltung in vertikaler wie horizontaler Richtung basiert, sondern sich vollendet durch die im freien Eingriff, im *willkürlichen* und in jedem Augenblick eigenwilligen Zusammen- und Gegeneinanderspiel der Gebilde auf verschiedenen Ebenen hergestellte Einheit. Sie ist somit ein Akt der sich im So-und-nicht-anders, d.h. als gültige, ja allgemeingültige und als solche einleuchtende Fügung erweisenden Willkür. Wenn aber *Freiheit* die Signatur ist, dann hat die *Gebundenheit* des Kontrapunkts und insbesondere die Fuge, die ihre Substanz nach dem Gesetz entfaltet, nach dem sie angetreten, in dieser Konzeption keinen angestammten Platz mehr.

Die Idee des klassischen Komponierens, das in der geschilderten

Weise auf Einheit abzielt, ohne daß sich diese Einheit im sinnfällig verwebten Verlauf (melodisch ebenso wie harmonisch) manifestiert, sondern im Wechsel sich schroff voneinander abhebender und heterogener Bildungen zustande kommt, ist ferner dadurch gekennzeichnet, daß trotzdem, genauer: gerade deshalb, jeder Augenblick, jede, auch die kürzeste Phase des musikalischen Geschehens auf das Ganze, d.h. auf das Vorangegangene und auf das bereits vom ersten Ton an projektierte Ende ausdrücklich bezogen ist. Diese Bezugnahme aber, die das einzelne Gebilde (Thema, Motiv, Figur), den gestalteten Augenblick bedeutend hervortreten läßt, bedingt ein Bezugssystem, das nicht an die musikalische Substanz gebunden ist, sondern gleichsam für sich besteht. Es ist die metrisch wirksame Kadenzordnung und das zeitgliedernde Raster des Taktes. In dem Maße aber, in dem der musikalische Satz kontrapunktisch geknüpft ist, d.h. die Stimmen sich gegeneinander verschränken (z.B. im Extremfall der Fuge), kommt es zu einer Schwächung des metrischen Bezugssystems, aber auch zu einer Schwächung des ausgezeichneten Augenblicks zugunsten der Bewegungskontinuität. Umgekehrt behindert die Geltung des Bezugssystems die figurative, kontinuierliche Entfaltung einzelner Stimmen und die polyphon-harmonische Vertiefung.

Es ist daher begreiflich, daß in der Kirchenmusik der Wiener Klassiker, wo die Komposition fugierter Sätze zu den unverzichtbaren Konvenienzen gehörte, auch die Generalbaß-Tradition nicht gänzlich aufgegeben wurde. In der Instrumentalmusik und in der Oper hingegen war dies nicht der Fall. Hier nun kam es darauf an, das kontrapunktische Verfahren derart in die Architektur einzubeziehen, daß die essentiellen Elemente der klassischen Werkkonzeption gewahrt blieben: dies bedeutete die Bezogenheit auf das takt- und kadenzmetrische System, sodann das Festhalten am konstitutiven, frei eingreifenden Impuls im Stimmverlauf und am motivisch-thematischen Charakter der Gebilde. Dadurch erhielten Kontrapunkt (im herkömmlichen Sinn) und Fuge eine durchaus neue, mit früheren Charakteren der Polyphonie unvergleichbare, auch unvereinbare Intensität und Zielsetzung. Die Innenspannung und die neue Transparenz kontrapunktischer Phasen in Sinfonie-,

Kammermusik- und Opernsätzen der Wiener Klassiker (z.B. in der *Zauberflöte* der „Gesang der Geharnischten", im *Fidelio* das Quartett „Mir ist so wunderbar") resultierte offensichtlich aus der Neubelebung des kontrapunktischen Verfahrens durch Impulse, die ihm ursprünglich fremd waren. Dazu gehörte auch die strikte Finalität in der Konzeption des musikalischen Geschehens. Letzteres gilt auch dann, wenn das metrische Bezugssystem durch stimmige Polyphonie vorübergehend (aber meist nur auf den ersten Blick) suspendiert erscheint (z.B. in der Jupiter-Sinfonie T. 173ff.).

Das Finale der Jupiter-Sinfonie legt mit vielen anderen Sätzen der Wiener Klassiker eindrucksvollstes, aber in besonderem Maße ausgezeichnetes und reichstes Zeugnis für die in jedem Augenblick finalorientierte, in Schlüsselpositionen der Gesamtarchitektur eingespannte Kontrapunktik ab. (Ich erinnere an die ganz und gar metrisch konzipierte Stelle der dichtesten kontrapunktischen Komprimierung der Takte 373ff., aus der die Lösung hervorgeht. Auch sonst fällt auf, daß es zur kontrapunktischen fugierten bzw. kanonischen Aufspaltung stets an kritischen Momenten des Satzes kommt: z.B. neue ‚Einfädelung' T.36ff., Aufbau des ersten zusammenfassenden Kadenzvorgangs T.95ff., in der Durchführung T.173ff.)

Schließlich erscheint die Kontrapunktik (Polyphonie) in ihrer neuen Perspektive nunmehr insofern als Sonderfall, bzw. als besonders akzentuierte Form der „motivisch-thematischen Arbeit", als das einzelne Gebilde seine freie Dispositionsfähigkeit und seine emanzipierte Gestalthaftigkeit beibehält, das Gefüge in seiner Beweglichkeit (‚Willkür') nicht eingeschränkt ist.

Die Herausarbeitung einer Charakteristik des Kontrapunkts (bzw. des Fugenverfahrens) in der Musik der Wiener Klassiker würde zeigen, daß, gleichviel von welcher Musik Anregungen ausgingen (von der bodenständigen Tradition oder von einigen Werken Händels und Bachs), sich dem Kontrapunkt ein neues Feld eröffnete, das im Rahmen der klassischen Werkidee Eigenständigkeit beansprucht. Es kann weder von einem „stile antico" die Rede sein, noch von Vorgängen der Rezeption „alter Musik", die sich freilich im Umfeld der Wiener klassischen Musik bereits abzeichneten und dann um 1830 (Palestrina-, Bach-,,Renaissance"), etwa in manchen Kompositionen von Mendelssohn, symptomatisch in Erscheinung traten.

Wo immer in erster Linie das fugierende Verfahren in der Instrumentalmusik Haydns, Mozarts und Beethovens begegnet, stellt sich recht besehen weder die Frage nach der ‚Beherrschung' des Technischen (dies war ohnehin selbstverständlich) oder nach ‚Einfluß' bzw. ‚Anleihe' im Sinne eines bloß rezeptiven Verhaltens (z.B. gegenüber Bach), sondern einzig und allein die nach der besonderen Artung im Rahmen des klassischen Komponierens. Letztlich aber muß man die ausdrückliche Einbeziehung des fugierten Satzes mit seinen tradierten Implikaten (strenge Stimmigkeit) als eines der deutlichsten Zeichen dafür werten, daß die klassische Konzeption des musikalischen Werks ihrem Anspruch und ihrer Seinsweise nach schlechthin umfassend war.

DOKUMENTE

I.

Friedrich Rochlitz in einer Rezension der ersten 8 Nummern der *Œuvres complettes* (Breitkopf & Härtel, Leipzig), in der er eine kritische Überschau über das Gesamtwerk von Mozart bot (Allgemeine Musikalische Zeitung [AMZ] 1800, Sp. 25–35 und Sp. 51–54, siehe besonders S. 27):

„[...] *Mozart* schrieb viertens große *Symphonien* – eine Gattung, in welcher sich das Genie am freyesten und verwegensten bewegen darf, wo es allgemeiner (und eben darum sehr viel, oder gar nichts) wirkt, wo es alles musikalische Zubehör als Mittel zu seinem Zweck aufbieten (und eben darum so leicht im Mechanism seiner Darstellung sich selbst verwirren) kann –; eine Gattung, von welcher sich also, in der Instrumentalmusik, wie vom Chor im Gesang, behaupten läßt, das sie am sichersten den Künstler selbst darstelle. *Mozarts* Symphonien (nur von denen seiner reifen Jahre ist die Rede) sind an Tendenz und Geist den Quartetten ähnlich, nur noch freyer, noch kühner, noch reicher, noch energischer – aber auch hin und wieder noch wilder, schneidender, drückender, so daß der Geist des Künstlers zuweilen mehr die Gärung, als das durch die Gärung Abgeklärte, mehr die aus dem Chaos sich selbst gebährende, als die aus ihm neu gebohrene Schöpfung giebt [Fußnote: Man vergleiche hier seine bekannten, wahrhaft großen Symphonien aus Es-dur, c-dur (mit der Schlußfuge) und vornehmlich aus g-moll.].

Der ordnende und geordnete Verstand dürfte sie also, mit Einwendung des *erst* hingerissnen, aber mit Einstimmung des *dann* gerührten Gefühls, in Ansehung des *reinen* Kunstwerths, den schönsten Quartetten M.s nachsetzen, und *hier* dem würdigen Vater *Haydn* die Palme reichen. [...]“

II.

Anonyme Rezension aus dem Jahr 1794 (zitiert nach: K.G. Fellerer, Mozart im Wandel der Musikauffassung, Mozart-Jahrbuch 1956, Salzburg 1957, S. 147):

„In den Sinfonien fehlt bei allem Feuer, bei allem Pompe und Glanze dennoch jene Einheit, jene Klarheit und Deutlichkeit der Darstellung, die wir an Jos. Haydns Sinfonien mit Recht bewundern. Wer Gelegenheit hat, ähnliche Vergleichungen mit Mozarts Arbeiten für den Gesang gegen die Arbeiten anderer guter Meister anzustellen, wird noch mehrere Gebrechen finden".

III.
Johann Christian Kittel (1732–1809, Schüler J.S. Bachs) in *Der angehende praktische Organist oder Anweisung zum zweckmäßigen Gebrauch der Orgel bei Gottesverehrungen in Beispielen*, 3 Bde., Erfurt 1801, 1803, 1808, Bd. III, S. 15:
„[...] In der sogenannten grossen Symphonie von Mozart aus dem C ist der Schlussatz, ein Allegro assai ohne Zweifel das gelungenste Meisterstück in dieser Gattung und verdient ein Triumph der neueren Tonkunst genannt zu werden."

IV.
Ein Zeugnis dafür, daß sich die Jupiter-Sinfonie um 1800 in den Konzertsälen eingebürgert hatte, ist die auf das Leipziger Musikleben bezugnehmende Notiz aus der AMZ Jg. 10, 1808, Sp. 495:
„[...] wirklich meisterlich gelang die klassische Mozartsche [sc. Sinfonie] aus C dur mit der Schlussfuge – ein so erklärtes Lieblingsstück der hiesigen Kunstfreunde, dass wir sie ihnen kein Jahr vorenthalten."

V.
Vollständige Aufführungen waren indessen noch nicht selbstverständlich. In der Notiz aus der AMZ Jg. 17, 1815, Sp. 770 wird daher hervorgehoben, daß Mozarts „Symphonie aus C, mit der Fuge, ganz" aufgeführt wurde. Bemerkenswert auch die große Orchesterbesetzung: „Dies Werk, von mehr als 150 wackern Musikern aufgeführt, war ein wahrhaft überwältigender, alles aufregender Kunststurm." – Ein Licht auf die Aufführungsgepflogenheiten der Zeit wirft die folgende Besprechung eines Leipziger Konzerts (AMZ Jg. 20, 1818, Sp. 381):

„[…] Von Symphonien, Ouverturen etc., wurde nichts Neues gehört, und von den erstern wurden viele durch Abkürzungen verunstaltet. Die Scherzos und Menuets wegzulassen, die andern Sätze gerade durch zu spielen, ohne auf ein Wiederholungszeichen zu achten: dies Uebel ist hier so sehr an der Tagesordnung, dass es in der Regel mehr geschiehet, als unterlassen wird. Die alte hergebrachte Regel, am Palmsonntag jedesmal den Satz, zwischen dem Adagio u. Rondo wegzulassen, weil er Menuet *überschrieben*, wird noch jedesmal genau befolgt. So wurde z.B. auch die wirklich grosse Symphonie aus C dur von Mozart mit der Fuge behandelt, worin bekanntlich jener Theil ein wahres Meisterstück, und gewiss nichts weniger, als tanzbar ist, oder auch nur an Tanz erinnert. Ich denke mir, dass jeder Zuhörer das auf dem Concertzettel Angekündigte unbedingt, wie es geschrieben ist, fordern darf; denn dadurch, dass er glaubt, es so zu hören oder nicht zu hören, bestimmt sich ja sein Entschluss, das Concert zu besuchen, oder nicht. Dem Publicum darf von dem, was versprochen, nichts vorenthalten werden, sonst täuscht man – Viele oder Wenige, das ist in der Sache einerley – auf eine unangenehme Weise.“

VI.
Rezension eines Arrangements der Jupiter-Sinfonie für Klavier vierhändig (Leipzig, Breitkopf & Härtel) in der AMZ Jg. 23, Sp. 847 f.:
„Es ist das höchst geist- und kunstvolle musikalische Prachtwerk, aus C dur, mit der grossen Schlussfuge, was wir hier arrangirt erhalten; und es verdient wohl der Verlagshandlung zum Lobe nachgesagt zu werden, dass sie durch diese neue Bearbeitung die ältere, gleichfalls ihres Verlags, vom verstorbenen A.E. Müller, gewissermaassen bey Seite gelegt hat: denn mit wie vieler Geschicklichkeit und grossem Fleisse diese auch verfasst war, so war sie doch durch die Willkührlichkeit des Bearbeiters in so fern wesentlich entstellt, als er das Finale weggelassen und an dessen Stelle das, aus Mozarts Quintett in derselben Tonart, gesetzt hatte. Wir brauchen nicht erst zu sagen, dass, wenn diess schon überhaupt zu missbilligen war, es diess noch viel mehr dadurch im Besondern wurde, dass diess

Werk, wie irgend eines, aus Einem Gusse, nun einen, im Style ganz fremdartigen, und im Ausdruck noch fremdartigern – einen mehr sanften, zarten, lieblich scherzenden Schlusssatz bekam. Man würde diess Verfahren von einem so ausgezeichneten Künstler gar nicht begreifen, erinnerte man sich nicht, dass man es damals mit Arbeiten dieser Art überhaupt nicht so genau, wie jetzt, nahm; und dass es freylich höchstschwierig ist, eine so kunstreiche, in den Stimmen so äusserst verschlungene, eigentlich nicht bloss vier- sondern fünfstimmige Fuge für vier Hände auf einem Piano-forte zu arrangiren; soll nämlich nicht allzuviel aufgeopfert, der Gang der Stimmen nicht allzusehr zerrissen werden und alles spielbar bleiben. Ohne beträchtliche Aufopferungen ist es geradezu unmöglich; und wahrscheinlich mochte sich Müller, aus gerechter Würdigung dieses Hauptsatzes, zu solchen Aufopferungen mancher seiner Vorzüge nicht verstehen und griff darum nach jenem Auskunftmittel. – Die ersten drei Sätze hätten wohl aus Müllers Bearbeitung wiederholt werden mögen; das ist aber nicht geschehen. Es hat denn jeder von beyden Auszügen sein eigenes Gute, das der andere nicht hat. [...]"

VII.
Rezension der ersten deutschen Partitur-Ausgabe der Jupiter-Sinfonie (Sinfonie No. 4 en Ut majeur [C dur] avec Fugue [...] Chez Breitkopf et Härtel à Leipsic.) in der AMZ Jg. 30 (1828) Sp. 292 f.:
„Nur noch vor fünf und zwanzig Jahren war es durch ganz Europa unerhört, dass Symphonieen in Partitur herausgegeben würden. Um jene Zeit machte Pleyel in Paris die ersten Versuche damit, und zwar mit Haydn'schen Symphonieen. Die Breitkopf- und Härtel'sche, so wie die Simrock'sche Handlung folgten bald nach; und jetzt ist es etwas ziemlich Gewöhnliches, so dass sogar von mehren der trefflichsten Symphonieen verschiedene Ausgaben der Partituren vorhanden sind. Die Sache ist von mehr Einfluss und bezeichnender für den Geist der Zeit in Hinsicht auf Musik, als Mancher wohl glauben mag. Kein Verleger setzt beträchtliche Unternehmungen fort, für die er nicht eine namhafte Anzahl Abnehmer findet. Es muss diese mithin für solche Partituren geben. Welch eine Erleichte-

rung für das genauere Studium dieser Werke! Kann aber solch ein Studium ohne bedeutenden Einfluss auf die Studirenden seyn? Und dass es eben die vortrefflichsten Werke, eben dieser, in neuer und neuester Zeit am höchsten stehenden Musikgattung seyn müssen, welche gekauft werden sollen und wirklich gekauft werden, ohngeachtet sie nicht für ein Paar Groschen abgelassen werden können, und ohngeachtet sie keine Neuigkeiten, die in dieser Form zuerst und allein bekannt gemacht werden, enthalten: sollte das nicht weit mehr für Ausbreitung eines ernsten Sinnes und edlern Geschmackes in der Tonkunst zeugen, als die nebenher laufenden, kaum zählbaren, nichtigen Sächelchen für einige Groschen und nagelneu, für einen entgegengesetzten Sinn und Geschmack zu zeugen scheinen? – Dass für eigentliches Studium die Werke Mozart's und Haydn's aus dieser Gattung (und dem Quartett, von dem man gleichfalls jetzt Sammlungen in Partitur hat) am allergeeignetsten sind, und warum sie es sind: das ist erst kürzlich in diesen Blättern vom Hrn. Redacteur ausgeführt worden („Urtheil über Beethoven" u.s.w. No. 11 und 12 d.Z. vom jetzigen Jahre), und wir, wahrscheinlich mit allen umsichtig und bedachtsam Urtheilenden, sind vollkommen seiner Meinung. Nur vorwärts darum auf diesen Wegen; und mit jenen Beyläufern, wenn sie nur nicht geistlos oder schnitzervoll sind, wollen wir es nicht gar zu genau nehmen, noch weniger aber uns durch sie, und dass sie ihr zahlreiches Publicum finden, den guten Muth und das Vertrauen zu dem bessern und gleichfalls nicht zahlarmen Publicum rauben lassen!

Wir haben uns diese Expectoration hier erlaubt, weil jene Partitur anzukündigen war und an ihr nichts zu recensiren ist. Denn wer diess Mozart'sche Werk, mit dem schönen Adagio und dem Pracht- und Meisterstücke der Schlussfuge, nicht kennt, den interessiert die ganze Gattung nicht; und wer es kennt und nicht ehrt, der hört gewiss auf uns nicht, was wir auch darüber sagen möchten. Die Ausgabe ist, wie die der früheren Nummern, in jeder Hinsicht schön; auch hat sich uns kein Stichfehler gezeigt. Der Preis ist billig. Freylich hat man auch kein Honorar zu zahlen gehabt. Der gute Mozart zu seiner Zeit hat diese Symphonie umsonst geschrieben, umsonst hingegeben."

ANMERKUNGEN

[1] Die diesbezügliche Angabe in der Monographie des Verfassers über die g-Moll-Sinfonie KV 550 (Meisterwerke der Musik, hrsg. von E.L. Waeltner, Heft 6, Wilhelm Fink Verlag München 1968, S. 6) ist zu berichtigen.

[2] Biographische Notizen über Joseph Haydn, Leipzig 1810; Reprint Leipzig 1979, S. 117.

[3] Salomon war aus Bonn gebürtig und mit der Familie Beethovens bekannt. Später lernte er auch Beethoven kennen, der ihn hochschätzte. Er ließ sich schließlich in London nieder und veranlaßte Haydn zu den beiden Reisen nach London. Bei seinem Besuch in Wien im Jahr 1790 trat Salomon in Beziehung zu Mozart, um auch ihn, der vorher schon mehrfach einen Aufenthalt in London erwogen hatte, für Konzerte zu gewinnen. Die Ernennung zum k.k. Kammermusicus (1787) hatte nicht zuletzt den Zweck, Mozart in Wien zu halten.

[4] Vgl. dazu meine Monographie Bd. 6 dieser Reihe.

[5] Vier Hörner verwenden z.B. Mozarts „Kleine" g-Moll-Sinfonie KV 183 und die Sinfonie Nr. 39 (ca. 1768) in g-Moll von Haydn.

[6] Der Typus von Sätzen, die keine eindeutige Zweiteilung (Doppelstrich) aufweisen, bleibt hier unberücksichtigt. Aber auch für ihn gelten im wesentlichen die oben entwickelten Kriterien.

[7] Siehe beispielsweise die Kopfsätze der Sinfonien Nr. 82–92 von Haydn, der Sinfonien KV 199, KV 201, KV 202, KV 385 von Mozart, außerdem die Finales der Es-Dur-Sinfonie KV 543 und der g-Moll-Sinfonie KV 550. In den „Londoner" Sinfonien von Haydn weist allerdings nur noch der erste Satz der D-Dur-Sinfonie Nr. 96 „The miracle" (1791) eine Wiederholung beider Teile auf.

[8] Durch die Abwesenheit von Antagonismen ist der Beginn der Paisiello-Ouvertüre (siehe Beispiel 1) gekennzeichnet. Nach dem Fermatentakt, der die C-Dur-Fanfare als Vorspann erweist, folgt ein spielerisches Motiv, das vom Vergangenen ‚nichts mehr weiß'.

[9] Die stereotype Schleiferfigur begegnet als Gestus des repräsentativen Anhebens in der „Prager" Sinfonie KV 504, in den Ouvertüren zu *Idomeneo* und *La clemenza di Tito*, außerdem in Beethovens Vierter und in der Marcia funebre der *Eroica*.

[10] Die Tatsache, daß Mozart ein Gebilde von einem Werk ins andere verpflanzen konnte, zeigt u.a., wie verfehlt es ist, die Einheit eines klassischen Satzes auf motivisch-thematische Beziehungen zurückführen zu wollen, auch wenn diese wirklich vorhanden sind. Die Verrenkungen, zu denen sich J.N. David (Die Jupiter-Symphonie, S. 13f.) hier und auch sonst in seiner Analyse gezwungen sah, um die Töne des angeblichen „Cantus firmus" im ‚dritten Thema', dessen ursprüngliche Form er offenbar nicht kannte, herauszufinden, muten akrobatisch an.

[11] Es versteht sich fast von selbst, daß nur in einer Musik, in der die Plastizität der Formungen und der Wille zum Tektonischen derart ausgeprägt war wie in der Wiener klassischen Musik, außerdem das gesamte Geschehen unter dem Aspekt der Finalität konzipiert wurde, die Durchführung

zu einem von innen her begründeten und wesentlichen Bestandteil der musikalischen Gesamtarchitektur werden konnte.

12 Daß der D-Einsatz (T. 34ff.) ohne Pauken erfolgt, hat seinen äußeren Grund offensichtlich darin, daß eine in D gestimmte Pauke nicht vorgesehen ist. Trotzdem wäre es gänzlich verfehlt, wollte man mit dem Argument, Mozart sei zur Konzession an die orchestralen Gepflogenheiten seiner Zeit genötigt gewesen, an dieser Stelle eine Pauke in D einsetzen. Damit wäre die verschiedene und sinnvolle Gewichtung der drei Einsätze nivelliert. Denn gegenüber dem D-Einsatz findet gerade durch die Pauken die Zentrierung auf die Hauptstufen I und V statt. In diesem übergreifenden Gerüst ist die D-Stufe (die V. zur G-Stufe) in der Tat nicht am Platze.

13 Der Versuch von Johann Nepomuk David (siehe Literatur-Verzeichnis), das Devisen-Thema des Finales zu einem ‚cantus firmus' zu erweitern und auf diesen die motivische Substanz des ganzen Werks zurückzuführen, überzeugt weder im einzelnen noch in seiner Prämisse. Die einzige Stelle, an der von einem Vorgriff auf das Devisen-Thema ernsthaft die Rede sein kann, befindet sich im Trio des Menuetts.

14 Weitere Stellen angeführt bei Hyatt-King (Mozart in Retrospect).

15 Analoge Stellen z.B. in den Ouvertüren zu *Le nozze di Figaro* (T. 49/50) und zum *Don Giovanni* (T. 50/51).

16 Diese neue Artikulation wird bis zur Unkenntlichkeit verwischt, wenn wie gewöhnlich das Tempo zu schnell genommen wird.

17 Eine annähernd analoge Behandlung erfährt die Wiederaufnahme der eröffnenden sieben Unisono-Takte, die sich zu Beginn aus disparaten Gebilden konstituieren und sich dann bei der Wiederaufnahme (T. 19–24) durch die verbindenden Bläserlinien als das erwartete Ganze bekunden.

18 Die seinerzeit in einem verbreiteten Buch von August Halm vorgetragene These von „zwei Kulturen der Musik", deren eine in der Fuge, deren andere im Sonatensatz ihren Inbegriff fände, verkennt nicht nur die Priorität des fundamentalen Wandels im Satzbau für die Entstehung neuer Gattungen und die Erneuerung alter, sondern auch die tatsächlichen Schwerpunkte der musikalischen Gattungen in den verschiedenen Epochen. Die Fuge war im „Generalbaßzeitalter" (H. Riemann) vornehmlich ein *Verfahren*, das in den verschiedensten Gattungen und Ausformungen Verwendung fand, jedoch als eigenständiges Genre (der Instrumentalmusik) durchaus nicht im Vordergrund stand. Als jeweils führende Gattungen in den beiden aufeinanderfolgenden Epochen könnte man allenfalls zum einen das Instrumentalkonzert mit der Triosonate, zum andern die Sinfonie mit der neuen Sonate anführen. In ihnen prägten sich zwei grundsätzlich verschiedene Weisen der Anlage einer großräumigen musikalischen Architektur aus, die wesensverschieden, aber kategorial vergleichbar sind. Auf der allgemeineren Ebene des Satzbaus hingegen böten der Generalbaßsatz und der kadenz- und taktmetrische Satz den geeigneten Ansatzpunkt für eine exemplarische Gegenüberstellung musikalischer Strukturen.

AUSGABEN DES WERKS

1. *Faksimile der autographen Partitur:* hrsg. von Karl-Heinz Köhler, Bärenreiter Kassel etc. 1978 (Documenta Musicologica. Zweite Reihe: Handschriften-Faksimiles, VIII, W.A. Mozart Sinfonie in C KV 551).
2. *Partitur* in: „Neue Mozart Ausgabe", Ser. IV, WG. 11, Bd. 9, Kassel etc. 1957, hrsg. von H.C. Robbins Landon.
3. *Taschenpartitur:* Edition Eulenburg Nr. 401, London 1930, nach dem Autograph revidiert und herausgegeben von Theodor Kroyer.

LITERATUR

Mozart. Briefe und Aufzeichnungen. Gesamtausgabe, hrsg. v. Wilhelm A. Bauer und Otto Erich Deutsch, 7 Bände, Bärenreiter Kassel etc. 1962–1975. [= Bauer-Deutsch]

Mozart. Die Dokumente seines Lebens, hrsg. von Otto Erich Deutsch, Bärenreiter Kassel etc. 1961, Neue Mozart-Gesamtausgabe, Serie X, Werkgruppe 34; Addenda und Corrigenda zusammengestellt von Joseph Heinz Eibl, Serie X: Supplement, Bärenreiter Kassel etc. 1978. [= Deutsch, Dokumente]

Mozart und seine Zeit in zeitgenössischen Bildern, hrsg. v. Otto Erich Deutsch, Kassel etc. 1961, Neue Mozart-Gesamtausgabe, Serie X, Werkgruppe 32.

Anonym: Mozart's „Jupiter-Sinfonie", in: Neue Wiener Musikzeitung 7 (1858), p. 174–175.

Herbert Antcliffe: Mozart's three great symphonies, in: Musical Opinion 1902–1903, S. 207f., S. 447f., S. 603f.

Peter Benary: Metrum bei Mozart. – Zur metrischen Analyse seiner drei letzten Symphonien, in: Schweizerische Musikzeitung Jg. 114/1974, S. 201–205.

Ludwig Bussler: Zwei moderne Krebsgänge, in: Neue Berliner Musikzeitung 16 (1862), p. 188–189.

Johann Nepomuk David: Die Jupitersymphonie. Eine Studie über die thematisch-melodischen Zusammenhänge, Göttingen 1953, [4]1960.

Thomas Christian David: Zu J.N. Davids Studien über die Jupitersymphonie, in: Mozartgemeinde Wien 1913–1963, Wien 1964, S. 236–240.

A.E.F. Dickinson: A study of Mozart's last three symphonies, London 1927, [2]1940.

Hellmut Federhofer: Zur Einheit von Stimmführung und Harmonik in Instrumentalwerken Mozarts, in: Mozart-Jahrbuch 1956, Salzburg 1957, S. 75ff.

Marius Flothuis: Jupiter oder Sarastro? in: Mozart-Jahrbuch 1965/66, Salzburg 1967, S. 121–132.

Hans Grüss: Zur Analyse der Sinfonien g-Moll (KV 550) und C-Dur (KV 551) von W.A. Mozart, in: Festschrift Heinrich Besseler, Leipzig 1961, S. 367–375.

Alexander Hyatt King: Mozart in Retrospect. Studies in criticism and bibliography, London 1955, 2. Ed. revised 1956.

Theodor Kroyer: Vorwort zu W.A. Mozart. Symphonie C-Dur, KV 551, London 1930 (Edition Eulenburg Nr. 401).

H.C. Robbins Landon: Vorwort zu Wolfgang Amadeus Mozart: Neue Ausgabe sämtlicher Werke (Neue Mozart Ausgabe), Serie IV: Orchesterwerke, Werkgruppe 11: Sinfonien. Band 9, S. VIIff.

William Mann: Mozart. Symphonies, London 1952.

V. und M. Novello, A Mozart Pilgrimage. Being the Travel Diaries of Vincent & Mary Novello in the year 1829, Neudr. hrsg. von Rosemary Hughes, London 1955.

Adolf Pochhammer: W.A. Mozarts Symphonie in C-Dur, Leipzig 1896 (Schlesingersche Musikbibliothek 54).

Georges de Saint-Foix: The symphonies of Mozart, New York 1949, S. 154–186.

Simon Sechter: Das Finale der Jupiter-Symphonie (C-Dur) von W.A. Mozart, hrsg. von Friedrich Eckstein, Wien 1923.

Gerd Sievers: Analyse des Finales aus Mozarts Jupiter-Symphonie, in: Die Musikforschung 1954, S. 318–331; Wiederabdruck in: G. Schumacher, Zur musikalischen Analyse, Wiss. Buchgesellschaft Darmstadt 1974, S. 72–95.

Rudolf Steglich: Interpretationsprobleme der Jupitersinfonie, in: Mozart-Jahrbuch 1954, Salzburg 1955, S. 102–112.

Donald Francis Tovey: Essays in Musical Analysis, Oxford Univ. Press London New York Toronto 1935 (^{10}1959), Volume I Symphonies, Mozart, Symphony in C Major, K. 551, S. 195–198.

Manfred Wagner: W.A. Mozart. Sinfonie C-Dur KV 551 „Jupitersinfonie". Taschen-Partitur. Einführung und Analyse von M.W., W. Goldmann Verlag u. B. Schott (1979).

Susan Wollenberg: The Jupiter theme: new light on its creation, in: The Musical Times 1975, S. 781–783.

ÜBER DEN VERFASSER

Stefan Kunze, geboren 1933 in Athen, studierte Musikwissenschaft, klassische Philologie und Byzantinistik an den Universitäten Heidelberg und München. Daneben praktisch musikalische Studien und Abschluß am (ehemals) Trapp'schen Konservatorium München. Promotion München 1961 mit einer Arbeit über die Instrumentalmusik Giovanni Gabrielis. Stipendiat der DFG, freiberufliche Tätigkeit, Mitarbeit u.a. an der Neuen Mozart-Ausgabe. Habilitation 1970 in München (Arbeit über die Opera buffa des 18. Jhs.). Universitätsdozent München. Seit 1973 Ordinarius für Musikwissenschaft an der Universität Bern. Hauptarbeitsgebiete: Instrumentalmusik 16. Jh., Oper 18. Jh., Mozarts Opern, allgemein Wiener Klassiker, Wagners Musikdrama, Oper des 19. Jahrhunderts.

TAFELBEISPIELE

Zum 1. Satz

I

II

XI

XII

III

Zum 2. Satz

IV

V

VI

Zum 3. Satz

VII

VIII

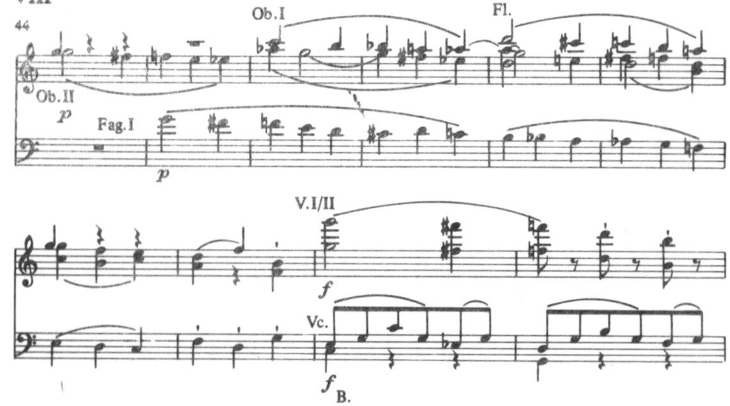

IX

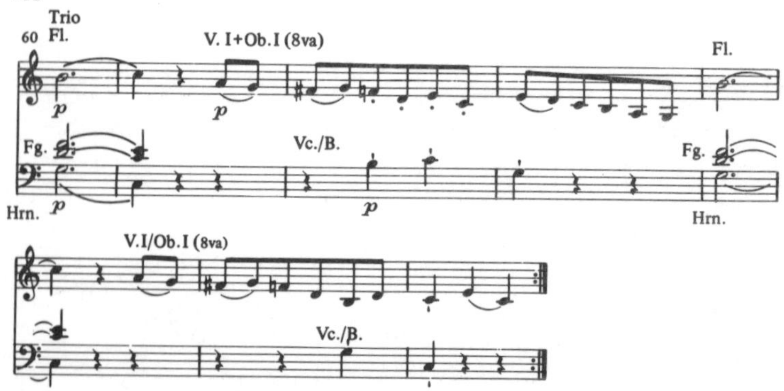

Zum 4. Satz

X